노동 4.0

BOOK
JOURNALISM

# 노동 4.0

발행일 ; 제1판 제1쇄 2018년 5월 9일  제2판 제4쇄 2023년 8월 2일
지은이 ; 이명호  발행인·편집인 ; 이연대
CCO ; 신아람  에디터 ; 서재준
지원 ; 유지혜  고문 ; 손현우
펴낸곳 ; ㈜스리체어스 _ 서울시 중구 한강대로 416 13층
전화 ; 02 396 6266  팩스 ; 070 8627 6266
이메일 ; hello@bookjournalism.com
홈페이지 ; www.bookjournalism.com
출판등록 ; 2014년 6월 25일 제300 2014 81호
ISBN ; 979 11 86984 27 7 03300

북저널리즘은 환경 피해를 줄이기 위해
폐지를 배합해 만든 재생 용지 그린라이트를 사용합니다.

BOOK
JOURNALISM

# 노동 4.0

이명호

: 독일은 노동의 역할을 새롭게 모색하고 있다. 2017년 독일 정부는 직업 세계와 노동 시장에서 일어나는 변화와 대응 전략, 사회적 논의 결과를 담은《노동 4.0 백서》를 발간했다. 디지털화되는 사회 변동 속에서 '좋은 노동'이라는 이상은 어떻게 유지되고 강화될 수 있을까. 국민 100퍼센트의 노동을 달성하려는 독일의 고민을 통해 일과 사회의 미래를 고찰한다.

## 차례

7      **프롤로그 ; 기본소득을 논의하지 않는 독일**

13      **1 _ 노동의 변화**
     디지털 전환에서 시작된 4차 산업혁명
     독일의 인더스트리 4.0과 노동 4.0
     미래의 노동

29      **2 _《노동 4.0 백서》가 말하는 것**
     독일 및 글로벌 노동 환경의 변화
     노동 안식의 변화
     직업 세계의 변화
     좋은 노동을 위한 질문

노동 4.0의 비전

노동의 실험


71 **3 _ 우리의 노동 4.0**

이렇게 시작하자

노동 유연성

전략적·근본적 사고

혁신의 리더십


87 **4 _ 미래의 일자리**

일자리 변화가 시작됐다

지식 산업에서 미래 일자리 찾아야

일하는 공간과 기업의 변화

미래에 우리가 일할 공간, 도시는?

직주일체의 새로운 도시 필요


107 **5 _ 다가올 미래**

미래 사회 시나리오 : 갈등과 다양성

미래학 관점으로 바라보자

미래 준비, 반복되는 위기의 고리 끊기


129 **주**


135 **참고 문헌**


139 **북저널리즘 인사이드 ; 4.0 시대의 경계**

프롤로그    기본소득을 논의하지 않는 독일

4차 산업혁명을 둘러싼 논의가 뜨겁다. 4차 산업혁명을 위한 기술과 동력을 마련하는 문제부터 규제 개혁, 기본소득에 이르기까지 여러 주장이 제기된다. 그러나 정작 국민이 우려하는 문제에 대한 논의는 미진하다. 국민의 가장 큰 걱정은 지능화, 자동화로 일자리가 없어질지도 모른다는 것이다. 특히 청년 실업과 고용 불안이 증가하고 있는 상황에서 노동에 대한 불안이 높다. 그러나 노동의 미래는 공론화되지 않고 있다. 그에 비해 기본소득 문제는 논의가 꽤 활발하다.

2017년 4월 초 한국노동연구원과 프리드리히 에버트 재단FES 한국 사무소가 공동 주최한 '노동 4.0'과 4차 산업혁명'이라는 국제회의에 참석했다. 독일 노동조합 간부들과 대학 교수들이 많은 주제를 발표했다. 발표 후 청중 하나가 독일에서는 기본소득 논의가 어떻게 진행되고 있는지 물었다. 독일에서 온 한 교수는 독일 노동계와 학계에서는 기본소득에 대해 논의하지 않는다고 딱 잘라 말했다. 독일 기업 최고경영자 모임에서 기본소득이 필요하다는 주장이 있었지만, 독일 노조는 기업들이 불순한 의도를 갖고 있다고 의심하며 논의조차 반대하는 분위기라고 말했다.

그 교수의 답변을 간단히 요약하면 이렇다. "기본적으로 노동은 신성하며 인간에게 주어진 소명이기 때문에 노동 없는 사회는 생각하지 않는다. 독일 노조도 자동화로 일자리가 줄어들 것이라고 전망한다. 대책이 몇 가지 있다. 우선 일자리를 잃게 될 노동자에게 제공하는 전직 훈련이다. 두 번째로는 새롭게 생기는 일을 할 수 있는 능력을 학교 같은 곳에서 키워 주는 것이다. 노동 시간 단축도 병행돼야 한다. 그래도 일자리가 부족하고 실업자가 생긴다면 기본소득이 필요할 수 있다고 본다."

독일에서 기본소득 정책은 맨 나중에야 검토할 수 있는 정책이라는 것이다. 2016년 국민 소득이 1인당 9만 달러로 고소득 사회 복지 국가인 스위스에서도 월 300만 원의 기본소득 지급 여부를 두고 진행된 국민 투표가 부결되긴 했지만, 노사정 협력이 잘되는 사회 민주주의 국가인 독일에서 기본소득에 대한 논의조차 없다는 것은 충격이었다. 국제적 흐름에 비춰 볼 때 우리 사회는 순서가 바뀐 논의를 하고 있다는 생각을 지울 수 없었다.

다른 발표자는 독일 노조가 2000년대 초 게르하르트 슈뢰더Gerhard Schroder 전 총리의 노동 개혁에 반대해 어려움에 부닥쳤던 일화를 언급했다. 당시도 자동화로 일자리가 감소하는 시대였는데 개혁에 대한 노조의 저항이 실패한 경험이 있는 터라 4차 산업혁명에 따른 변화에는 다르게 대응하고 있다고 전했다. 노동자들도 시대의 큰 흐름을 따르며 협력할 것은 협력하면서 노사가 서로 발전할 수 있는 질 좋은 노동을 추구한다는 인상을 받았다.

4차 산업혁명이라는 개념은 독일 정부가 추진한 인더스트리 4.0Industrie 4.0[2]에 기원을 둔다. 독일은 저출생·고령화로 인한 노동력 감소와 제조 경쟁력을 위협하는 미국 주도의 디지털화에 대응해 몇 년간의 논의와 준비를 거쳐 전 국가적 전략으로 인더스트리 4.0을 추진하고 있다. 고도의 자동화에 대응한 인더스트리 4.0이라는 사회적 논의의 결과가 바로 노동 4.0이다. 다시 말해 인더스트리 4.0이 성공하기 위해서는 동전의 양면과 같은 노동 4.0이 동시에 추진돼야 한다. 독일은 양질의 노동, 디지털 시대의 전문 인력, 새로운 일자리를 위한 교육 등 인더스트리 4.0의 성공을 위한 한 축으로서 노동의 역할을 새롭게 모색하고 있다. 그리고 그 논의의 결과를 2017년 초《노동 4.0 백서Weissbuch Arbeiten 4.0》로 발간했다.

백서는 디지털화되는 사회 구조 속에서 높은 노동 수준을 유지하기 위한 생산 이익의 분배, 플랫폼형 대기업의 이윤에 대한 세금 부과 문제, 공공재와 서비스의 현대적 인프라 구축 등 거시 경제 차원의 틀을 만들고, 그에 따라 노동 정책을 짜는 방안을 제시한다. 노동 정책과 사회 정책을 긴밀히 연결해 독일이 달성하고자 하는 최종 목표는 '국민 100퍼센트의 노동'이다.

《노동 4.0 백서》는 독일 사용자와 노동자, 다양한 이해

관계자가 2년에 걸쳐 대화하고 연구한 결과물이다. 직업 세계, 노동 시장 내에서 일어나는 변화와 그것이 사회에 미치는 영향과 결과를 축약해 다루고 있다. 물론 독일 노동 4.0의 논의 배경과 상황은 한국과 다르다. 그러나 오늘날 정상으로 간주하는 현상이 더는 정상이 아닐 미래에 대한 전망과 시나리오는 물론이고, 사회와 경제를 앞으로 나아가게 할 노동의 가능성을 검토하고 있다는 점에서 우리에게 시사하는 바가 크다.

독일 정부는 시민과의 대화를 이끌어 내기 위해 〈미래 Futurale〉라는 제목의 영화 시리즈를 독일 전역 18개 도시의 극장에서 상영했다. 이때 시민들에게 던진 질문은 다음과 같다.

"디지털화되는 사회 변동 속에서 '좋은 노동'이라는 이상은 어떻게 유지되고 강화될 수 있을까?"

우리도 4차 산업혁명을 대비하는 독일의 방식을 배울 필요가 있다. 4차 산업혁명에 대한 준비는 디지털 시대의 산업과 노동에 대한 사회적 컨센서스를 마련하는 노력에서부터 시작돼야 할 것이다.

# 1

# 노동의 변화

## 디지털 전환에서 시작된 4차 산업혁명

"서울 가본 놈하고 안 가본 놈이 싸우면 안 가본 놈이 이긴다"는 말이 있다. 4차 산업혁명과 관련한 논의도 이와 비슷해서 일단 목소리를 높이고 자신 있게 나서는 사람이 이기는 분위기다. 구글Google의 인공지능 시스템 알파고AlphaGo가 세계 최고의 프로 바둑 기사인 이세돌을 이기는 순간, 국민들에게 4차 산업혁명은 '우리의 일자리를 빼앗을 대변혁'이라는 충격과 공포를 안겨 줬다. 최근 몇 년 사이 한국에서 열린 크고 작은 포럼에 4차 산업혁명이라는 단어가 빠진 적이 없을 정도다.

"이미 4차 산업혁명이 시작됐다, 뒤처지면 안 된다. 빨리 따라가야 한다"는 주장에 대해 "혁명은 무슨 혁명이냐, 산업의 진화에 불과하다"는 반론이 제기된다. "디지털화와 디지털 전환은 이미 20여 년 전부터 시작됐고, 지금은 디지털화가 전 산업에 확산되고 있는 것이다"라고 의미를 축소하거나 "새로운 기술은 항상 등장한다. 호들갑 떨 필요가 없다. 사물인터넷IoT, 빅데이터, 인공지능, 로봇 등은 기술의 발전에 불과하고, 그 기술도 실패하거나 기대했던 효과를 얻지 못할 수 있다"는 부정론까지 다양하다.

분명한 것은 모든 예상이 불확실하다는 점이다. 그럼 우리는 상황이 명확해질 때까지 지켜보면 되는 것인가? 누가 혁명의 승자가 되고 패자가 될지 '알아맞히기 게임'을 하면서 가만히 기다리면 되는 것인가? 그러다가는 승자의 제물이 되고 말 것이다. 그렇다면 어떤 주장이 정답인지 모르는 상태에서 대체 무엇을 하라는 것이냐고 반문할 수 있다. 지금 우리가 해야 할 것은 단 하나다. 디지털이라는 개념을 다시, 깊게 되돌아보는 것이다. 디지털을 제대로 알아야 4차 산업혁명을 올바로 이해할 수 있다.

디지털을 이해하기 위해서는 먼저 증기 기관(엔진)을 이해해야 한다. 증기 기관이 등장하면서 산업 사회가 시작됐다. 산업 사회는 인간의 육체노동을 대체하는 엔진이라는 범용 기술GPT·General Purpose Technology이 지배하는 사회였다. 동력기, 발전기, 기차, 자동차, 비행기, 세탁기, 청소기, 냉장고 등 산업 사회를 가득 메운 거의 모든 제품이 엔진을 이용하는 기계다. 엔진을 기반으로 하는 기술들은 짧은 시간에 보다 많은 제품을 생산하는 대량 생산을 촉진하면서 물질적 풍요를 가져왔다.

지금 우리는 산업 사회에서 디지털 사회로 넘어가는 전환기에 살고 있다. 1946년 최초의 컴퓨터 에니악ENIAC·Electronic Numerical Integrator and Computer[3]이 발명된 후 1970년대에 등장한 퍼스널 컴퓨터PC는 엔진의 시대를 서서히 밀어내고 있다. 전자계산기로도 불린 컴퓨터는 등장할 때부터 인간의 지력을 대체하기 위한 용도로 설계됐다. 그렇기 때문에 최초의 컴퓨터가 발명된 지 10년도 안 된 1955년에 이미 존 맥카시John McCarthy

가 인공지능이라는 개념을 제시했고, 1958년에는 최초의 인공지능 프로그래밍 언어가 개발됐다. 과거에 인공지능은 인류가 도달할 수 없는 목표로 인식됐지만, 2011년 미국의 퀴즈쇼 〈제퍼디Jeopardy〉에 출연해 우승한 IBM의 슈퍼컴퓨터 왓슨Watson이나 알파고라는 신세대 인공지능까지 등장하는 시대를 맞이하고 있다.

과거 인공지능은 규칙과 정보를 사람이 입력해 가르쳤지만(programming) 신세대 인공지능은 스스로 규칙과 정보를 학습한다(deep learning, machine learning). 인간이 경험을 통해 배우면서 지식의 체계를 세우는 것처럼 인공지능 역시 현실의 빅데이터를 수집해 마치 사람의 경험칙처럼 패턴(규칙)을 인식하고, 그 패턴을 현실에 적용해 다시 수정·보완하는 사고를 하게 되었다.

엔진의 등장이 인간의 근력이라는 물리적 노동력을 대체하기 위해서였듯, 컴퓨터의 등장은 인간의 지력을 대체하기 위한 것이었기 때문에 언젠가 인간의 지능과 같거나 이를 뛰어넘는 기술이 등장하리라는 것은 당연한 예측이며, 이제 본격적인 때가 되었다고 볼 수 있다.

집채만 한 증기 기관이 손톱만큼 작아져 전기로 움직이는 모터로 바뀌고 지금은 사라진 CD 플레이어에서부터 자동차까지 다양한 제품에 들어갔듯, 이제는 인공지능으로 무장한 컴퓨터가 다양한 제품에 들어가는 시대가 열리고 있다. 엔진 기술을 이용한 산업이 돈을 버는 사회가 산업 사회였다면, 이제는 디지털 기술인 인공지능을 이용한 제품을 만들면 돈을 버는 디지털 사회다.

왜 인공지능 사회 또는 지능 정보 사회가 아닌 디지털 사회인가? 이유는 인공지능의 원리가 디지털이라는 특성에 있고, 디지털의 특성이 사회 곳곳에 스며들고 있기 때문이다. 디지털의 특성을 이해하면 사회를 이해하고 새로운 제품과 서비스를 개발하는 상상력을 발휘할 수 있다.

디지털은 0과 1이라는 숫자로 구성되는 비트bit의 정보 체계다. 디지털이라는 개념의 등장은 세상을 원자atom, 즉 비트로 이해하는 사고로의 근본적인 변화다. 디지털은 모든 형태의 정보가 비트로 표현되는 통합성, 정보의 손상 없이 저장·복제·변환이 가능한 복제성, 빛의 속도로 확산되는 전파성, 공간을 거의 차지하지 않는 무한의 정보를 수집, 저장하는 축적성이라는 속성을 띤다. 노드node로서 디지털의 속성은 서로 연결link되면서 연결성 → 공유성 → 지능화(자동화)로 발전한다. 연결성은 네트워크의 무한 증대, 공유성은 연결과 거래(유통) 비용이 점차 '제로'로 수렴되는 플랫폼화를 거쳐 정보와 행동이 결합되고 자율적으로 학습하는 지능화 단계로 발전하게 된다.

링크라는 디지털 속성은 일방적이 아니라 서로 의존적이고, 영향을 주고받는 상호적 관계mutuality를 점차 강화한다. 산업 사회의 거의 모든 제품들은 소비자 개인의 효용만을 위한 것이었다. 그런데 디지털 시대의 제품은 그것을 사용하는 개인들의 상호 관계 속에서 효용이 증가한다. 플랫폼을 사용하면 할수록 그 플랫폼의 효용이 증가하는 식이다. 우버Uber, 에어비엔비Airbnb 같은 공유 서비스와 플랫폼은 디지털의 특성상 언젠가 등장할 서비스였다.

4차 산업혁명의 핵심은 가상 물리 시스템CPS·Cyber Physical System[4]이다. 최근 4차 산업혁명 또는 인더스트리 4.0과 함께 언급되는 IoT, 빅데이터, 인공지능, 로봇 등의 속성에는 가상 물리 시스템 또는 디지털 트윈digital twin[5]이 자리 잡고 있다. 디지털의 특성은 궁극적으로 가상의 시뮬레이션이 현실(물리)로 구현되거나 현실이 가상으로 시뮬레이션된다는 것이다. 즉 가상과 현실이 시뮬레이션을 매개로 통합된다. 이것을 도와주는 기술이 인공지능, IoT, 가상 현실VR, 증강 현실AR, 3D 프린터, 로봇 등의 기술이며, 그 정점이 인공지능이다.

가상 물리 시스템, 시뮬레이션을 이해할 때 디지털 혁명이 완성되는 새로운 세상을 이해할 수 있다. 원리를 이해하면 세상의 주역이 될 수 있는 것이다. 이것이 지금 전환기를 맞이하고 있는 우리에게 주어진 기회이면서 위기다. 가상 물리 시스템, 시뮬레이션으로 우리는 무엇을 하고 싶을까? 이전에는 불가능했지만 앞으로 가능할 것은 무엇일까? 우리는 무엇을 원할까? 신이 하던 일을 인간이 하고 싶은 것일까? 신의 위치에 올라간 인간(디지털 혁명가)이 그렇지 못한 인간(대중)을 지배하는 세상이 될 것인가?

## 독일의 인더스트리 4.0과 노동 4.0

경제 강국 독일의 국내 총생산GDP은 2017년 기준 3조 6518억 달러로 세계 4위 규모다. 하지만 디지털 시대를 맞이하는 독일의 대응은 늦은 편이었다. 독일은 자동차, 정밀 기계, 화학 등 전통 제조 산업이 GDP의 22퍼센트를 차지하는 제조 강국이며, GDP 대비 수출 비율이 47퍼센트에 달하는 수출 강국이다. 생산과 제조가 경제의 중심을 이루는 만큼 새롭게 등장하는 IT 기술과 인터넷에는 제대로 대응하지 못했다.

2000년대 초까지 독일은 미국의 주도하에 전자 상거래, 유통, 마케팅, 엔터테인먼트, 콘텐츠 등 소비자 중심으로 발전한 시장이 확장되는 것에 큰 위협을 느끼지 못했다. 그러나 2000년대 중반부터 소프트웨어 기술을 기반으로 한 미국 제조업의 경쟁력이 강화되면서 독일은 저성장과 글로벌 경쟁 심화라는 대내외적 환경 변화에 직면하게 된다. 2008년 글로벌 금융 위기 이후 세계 경제의 저성장 기조가 이어지자 독일의 경제 성장률은 2퍼센트 미만으로 내려가고 수출도 둔화된다. 저출생·고령화의 진전으로 생산 가능 인구가 빠른 속도로 감소하는 반면, 보살핌이 필요한 사람들은 늘어나 인구 구조의 불균형도 심화됐다. 특히 구글 등 IT 기업이 플랫폼 기업으로 성장해 소비에서부터 생산에 이르는 밸류 체인value chain을 재편하면서, 독일 내에서는 제조업에서의 비교 우위조차 지켜낼 수 없을 것이라는 우려의 목소리가 나왔다.

결국 독일 정부는 경쟁력 제고와 신성장 동력 확충을 위해 2006년부터 첨단 기술 전략High-Tech Strategy[6]을 수립, 추진하게 된다. 첨단 기술 전략의 목표는 IT와 인터넷을 활용해 산업 경쟁력을 높이는 것이었다. 독일 정부는 2012년 3월 첨단 기술 전략의 '2020 액션 플랜'을 발표하면서 처음으로 인더스트리 4.0을 천명했다. 인더스트리 4.0은 2013년 글로벌 기업 중심의 산업 협회에서 주요 연구 어젠다로 제시됐지만 표준화 등의 문제로 실제 적용은 부진했다. 그러자 민관 공동 대응의 필요성이 제기되었고, 2015년 4월 정부 주도로 민·관·학이 참여하는 플랫폼 인더스트리 4.0Platform Industry 4.0이 구성되면서 본격적으로 추진되기 시작했다.

플랫폼 인더스트리 4.0에는 정부 기관인 산업부, 교육연구부에서부터 지멘스Siemens, 도이치 텔레콤Deutsche Telekom, 보쉬Bosch 등 대기업, 프라운호퍼 연구소Fraunhofer UMSICHT 등이 참여해 각 분과를 담당하고 있다. 5개의 워킹 그룹은 표준화·참조 체계 구축, 연구와 혁신, 네트워크 시스템의 보안, 법적 체계, 노동·직업 교육으로 구성됐다. 이는 인더스트리 4.0의 추진 주체가 기업·산업 중심에서 기업·노동·정부로 확대됐을 뿐만 아니라 인더스트리 4.0이 산업 정책에서 사회 정책 플랫폼으로 확대된다는 의미가 있다.

인더스트리 4.0의 궁극적인 목표는 IT를 접목한 전 국가의 스마트 공장화smart factory[7]다. 전통적인 제조업 강국인 독일은 스마트 공장을 통해 제조 경쟁력을 한 단계 높이겠다는 목표를 가지고 있다. 이를 달성하기 위한 전략은 두 가지로 제시됐는데, 첫째, 규격품 및 고객 주문형 상품도 대량 생산할 수 있는 다품종 대량 생산 시스템을 실현해 2020년 독일 제조업 전체를 스마트 공장으로 연결해 플랫폼화한다, 둘째, 독일 내의 모든 공장을 단일의 가상 공장 환경으로 만들어 국가 단위의 생산 및 수요 예측이 가능한 21세기 공장 생태계를 실현한다는 것이다.

디지털 시대에 대비하기 위한 첨단 기술 전략에서 출발해 범국가 차원의 장기적 미래 전략인 인더스트리 4.0을 천명한 독일 정부는《노동 4.0 녹서Günbuch Arbeiten 4.0》를 내놓고 미래 노동에 대해 논의해야 할 사항을 국민 토론의 주제로 상정했다. 이에 따라 2015년 4월부터 2016년 말까지 2년에 걸쳐 독일 내 여러 계층을 아우르는 열띤 토론이 전국 각지에서 열렸다. 기업, 협회, 학계 전문가, 일반 시민이 토론에 참여했고, 최종 결과물로《노동 4.0 백서》가 발간됐다. 백서의 목적은 미래 디지털 시대에 과연 '좋은 노동'이란 무엇인지, 그리고 좋은 노동이 가능한 조건을 갖추기 위해 어떠한 일들을 해야 하는지를 밝히는 것이었다.

## 미래의 노동

백서가 갖는 의미는 독일 연방노동사회부BMAS·Bundesministerium für Arbeit und Soziales 안드레아 날레스Andrea Nahles 장관(2018년 4월 독일 사회민주당 최초의 여성 대표가 되었다)의 서문에 잘 나타나 있다.《노동 4.0 백서》에 실린 서문을 옮긴다.

### 《노동 4.0 백서》서문

하루 8시간과 주 36시간의 노동, 근무 조건의 개선과 보장, 아동 노동의 금지. 이런 사항이 미래 노동의 이상향으로 그려지던 때가 있었다. 그러나 오늘날의 바람은 완전히 다르다. 시원한 바닷가에 편안히 앉아 노트북을 무릎에 놓고 일하는 창의적 지식 노동자, 혹은 컴퓨터 애플리케이션을 이용해 원하는 작업 스케줄을 짜는 생산직 노동자 등이 현재 우리의 이상향이다.

　　미래의 노동 시장은 오늘날과 크게 달라질 것이 분명하

다. 그런데 과연 더 나아질 것인가? 우리는 보다 자율적으로 노동을 결정하고 몸과 마음이 모두 건강한 노동 환경을 누릴 수 있을 것인가? 50대에 다시 대학을 다니거나 새로운 직업을 가지기 위한 교육을 받게 될 것인가? 기계는 우리의 직장을 빼앗아 갈 것인가, 아니면 다양한 개선을 가능케 하고 생산력을 높여 줄 것인가? 새로운 직군이 생겨날 것인가?

독일 정부는 노동 4.0이라는 이름으로 녹서 형태의 질문을 던졌다. 사회 각계각층에서 광범위한 토론이 이루어졌다. 공기업, 협회, 일반 기업, 학문 분야의 전문가, 일반 시민이 토론에 참여했다. 녹서를 통해 질문을 던졌으니 이제 질문에 대한 답을 담은 백서를 발간할 차례다. 백서에는 녹서에서 시작된 대화로부터 도출된 결론들이 요약, 정리되어 있다. 독일 정부는 다양한 영역에서 벌어진 사회적 논쟁을 기록했고, 연방 정부와 이를 넘어서는 영역에서 노동·직업 세계의 미래 비전을 세우기 위한 동력을 얻고자 했다.

디지털 전환이 무척 중요한 의미를 지닌다는 점은 연방 정부의 디지털 어젠다에 잘 드러나 있다. 다양한 플랫폼에서 디지털화와 관련한 주제가 다루어진다. 광대역망의 구축, 인터넷 접속 가능성의 확대, 철저한 개인 정보 보안, 새로운 생산 개념인 인더스트리 4.0의 실현 등이 현재 독일 정부가 추진하는 경제적 변화의 요소들이다. 노동 4.0의 대화 프로세스는 이러한 맥락에서 시작된다.

디지털화에 따른 노동 시장의 변화는 양극화됐다. 어떤 이들에게는 변화가 미래의 가능성을 여는 계시이자 새로운 삶이 시작되는 느낌이겠지만, 누군가에게는 변화가 불안감을 불러일으킨다. 다양한 대화에 귀를 기울인 뒤 내린 개인적인 결론은, 디지털화로 생기는 기회들을 경제, 직업, 좋은 노동을 위해 잘 활용해야 한다는 것이다. 그래야만 사라지는 일자리, 현재 통용되는 자격증의 무효화, 사람 간의 계급 격차, 관계의 상실 같은 문제에 대한 우려를 밝은 전망으로 바꿀 수 있다. 기회가 창출되는 영역을 정확히 파악해야 우리가 나아갈 방향을 결정할 수 있다.

디지털화는 백서의 핵심 주제다. 그러나 디지털화가 우리의 미래를 결정하는 유일한 요인은 아니다.《노동 4.0 백서》는 전체 직업 세계, 노동 시장 내에서 일어나는 변화와 그것이 사회에 미치는 영향과 결과를 축약해 다뤘다. 노동 4.0은 미래를 위한 전망과 시나리오, 그리고 가능성, 즉 인간에게 유용한 이익을 가져다주며 우리 경제를 성큼 앞으로 나아가게 할 노동을 주제로 삼고 있다.

백서를 발간하는 목적 중 하나는 노동의 변화 속에서 고용주와 노동자 간의 협상과 합의가 이뤄지는 것이다. 직업 재교육과 관련된 단체 협약도 필요할 것이다. 단체 협약의 결과가 노동 현장을 새로운 방식으로 변화시킬 것이 분명하기 때문이다. 노동 시장 참여, 투명하고 정당한 임금 체계 구축도 백서의 발간 목적에 포함된다. 개인의 취향과 필요에 따라 적절한 시간 활용을 인정하는 노동 시간의 자유로운 선택을 위한 혁신적인 체계가 구축돼야 한다. 미래의 직업 세계에서는 노동자의 사적 영역이 유리알처럼 투명하게 외부에 노출되지 않도록 하는 개인 정보 보호의 문제도 중요할 것이다. 인간의 노동과 노동 부담을 줄여 주는 기술의 활용, 건강한 노동을 가능하게 하는 새로운 노동자 권리 보호법의 구축, 노동자의 경영 참여 시스템, 공동 결정제의 도입도 빼놓을 수 없다. 자영업자의 사회 보장 제도도 개선돼야 하며, 플랫폼 경제의 안정화를 위한 정당한 노동 조건도 마련돼야 한다. 다양한 삶의 형태와 급속한 사회 변동을 진지한 태도로 수용하고 미래를 예측하는 명실상부한 사회 국가를 구성해야 할 것이다.

노동 4.0을 통해 독일 정부는 사회 내 모든 분야의 새로운 노동을 규정하는 과정에서 생기는 문제를 해결하고, 그 과정이 잘 진행되도록 도와야 하며, 진정으로 새로운 길을 걸어 나가야 한다는 점을 깨달았다. 우리가 택한 범사회적, 범국가적 협력과 대화를 통해 문제를 해결해 나가려는 모델이야말로 독일이 '좋은 노동Gute Arbeit'의 선구자가 되는 토대를 제공할 것이다. 미래의 노동을 대상으로 하는 연구와 작업은 앞으로도 계속돼야 한다.

이 백서는 2016년 11월 노동 4.0 대화를 마무리하는 컨퍼런스를 개최하며 후속 토론을 이끌어 내기 위해 발간됐다. 우리는 노동 4.0 대화를 포괄적으로 검토하여 결론을 도출했다. 어떤 부분은 정치 분야와 관련돼 있고, 정치와 공기업 간의 협업 문제를 다루기도 하며, 사기업과 소규모 자영업자 간의 문제에 초점을 맞추기도 한다. 노동과 관련한 모든 전망은 독일 정부 내 여러 부서의 영역과 맞닿아 있기도 하다. 상호 이해와 입장 조율이 지속적으로 이뤄져야 한다. 노동의 미래와 관련한 모든 문제에 대해 더 활발한 토론이 진행되기를 기대한다.

독일 연방노동사회부에서 발간한《노동 4.0 백서》원문은 234쪽에 달한다. 이번 장에서는《노동 4.0 백서》의 주요 내용을 소개한다.《노동 4.0 백서 2017년 1월 독일어판 요약 번역》(최재정 역, 재단 법인 여시재)을 참조했다.

## 독일 및 글로벌 노동 환경의 변화

미래의 노동은 경제·산업 환경의 변화와 밀접한 관련이 있고, 경제·산업 환경은 디지털화, 글로벌화, 인구 변화, 문화적 변화에 따라 달라진다. 그중 가장 큰 변화의 원동력은 디지털화다. 독일 노동자의 80퍼센트가량이 노동 일상에서 디지털 정보, 정보 통신 기술을 사용하고 있다. 아날로그 기술에서 디지털 기술로의 전환은 1980년대부터 진행됐지만 2000년대에 들어 모바일 단말기의 시대가 열리면서 디지털화는 일상생활, 가치 창출 과정과 노동의 영역에서 광범위하게 확산, 심화되고 있다. 인터넷은 이제 사람 간의 연결뿐 아니라 사물 간의 연결도 가능하게 한다. 기술 발전으로 인한 사회 구조의 변동은 가까운 미래에 무척 빠른 속도로 진행될 것이다.

디지털화는 세 가지 분야에서 급격한 발전과 상호 작용을 통해 진화한다. 첫째, IT와 소프트웨어다. 프로세서의 정보 처리 능력이 기하급수적으로 개선되면서 클라우드 기술의 사용 범위가 넓어지고 모바일 애플리케이션의 활용이 용이해지는 추세다. 딥러닝 기술로 왓슨, 알파고, 시리siri 등 인공지능 기술이 일상생활에서 간단하게 활용할 수 있는 수준으로 발전하고 있다.

둘째, 로봇과 센서다. 시스템의 크기와 개발 비용이 줄어드는 반면, 활용 가능성은 점차 상승하고 있어 소규모 사업장과 개별 제조 부문에도 로봇과 센서가 도입되고 있다. 새로운 센서의 개발로 정보 수집과 제어 방식도 개선됐다.

셋째, 네트워크 시스템의 발전이다. 기계, 사물에 장착된 소형 컴퓨터의 센서와 전기 신호의 변화를 이용해 물리적인 상태를 바꿔 주는 장치인 액추에이터actuator가 인터넷을 통해 상호 네트워킹을 할 수 있게 되었다. 가상 물리적cyber physical 연결이 원활해짐에 따라 인더스트리 4.0이라고 하는 개념이 마련될 수 있는 기반이 조성됐다. 가상 물리 시스템 위에서 공장과 기계, 사물 간에 끊임없이 정보들이 오가면서 물건의 생산과 적재, 운반, 운송 등 전 과정이 자동화되고 있다. 그리고 빅데이터를 활용해 소비자의 요구에 맞춤형으로 대응하는 새로운 사업 모델이 창출되고 있다.

독일의 경제 역시 디지털화에 의해 변화하고 있지만 그 속도가 다르다. 독일 내 사업장 중 절반이 최신 기술을 활용하고 있는 반면, 3분의 1은 최신 기술을 도입조차 못하고 있다. 디지털화의 성패에 따라 기업 경쟁력 향상 여부가 결정될 것이다. 디지털화는 거래 비용을 감소시키고 효율성을 증가시킨다. 앞으로 몇 년간 정보 통신 기술과 제조업 분야에서 높은 생산 효과가 기대된다. 그러나 디지털화된 경제 구조 속에서 생산성이 얼마나 발전할 것이며 그 정도를 어떻게 측정할 것인지에 대해서는 논란이 있다. 그럼에도 불구하고 인프라와 기술, 업무 과정, 직업 능력의 향상을 위한 민간 및 공공 투자가 이루어져야 한다. 혁신을 위한 추동력으로서 전통적인 기업들뿐만 아니라 스타트업들이 매우 중요한 역할을 담당할 것이다. 대기업들은 기존의 스타트업들을 인수·합병하여 혁신 동력으로 활용하고 있다. 때로는 대기업들이 새로운 아이디어를 창출하거나 테스트하기 위해 실험실lab 개념의 부서를 만들거나 자회사를 설립하기도 한다. 국가가 지원하는 연구들 역시 혁신을 이끄는 데 매우 중요한 역할을 한다.

디지털화 속에서는 두 가지 입장이 충돌하곤 한다. 독일은 인더스트리 4.0이라는 개념하에 가상 물리 시스템을 갖춘 새로운 형태의 생산 과정에 초점을 맞춘다. 다시 말해 빅데이터를 활용한 서비스 개발, 비즈니스 모델 개발 등 산업적 가치 창출에 우선순위를 둔다. 반면 미국은 디지털 플랫폼이 서비스 산업에서 큰 역할을 차지한다. 독일식 접근은 기존 시스템을 단계적으로 변화시키는 점진적 특징을, 미국식 접근은 현존 회사나 사업 모델을 강제적으로 전복시키는 파괴적 특징을 지닌다. 물론 이런 차이보다 제조업에서 더 중요한 부분은 디지털 플랫폼과 네트워킹 효과다. 애플리케이션을 통해 수집되는 정보의 활용과 중요성이 커지고 IT 기업들이 차량 공유 같은 새로운 서비스업이나 제품 생산에 뛰어들면서 서비스업과 제조업의 경계가 불분명해지고 있다. 디지털화가 우리 사회를 어떻게 변화시킬 것인지는 새로운 기술의 발전과 더불어 경제적 비용, 소비자 욕구, 사회적 가치, 노동 시장의 변화, 사회적 파트너 간 협상, 정치적 틀 등 제반 여건에 따라 결정될 것이다.

미래의 노동에 영향을 미치는 두 번째 변화 동인은 글로벌화다. 상품과 서비스, 자본과 노동력의 활발한 이동과 교류가 나타나기 시작한 것은 20세기 중반부터였다. 독일 경제가 세계 무역에 편입되고 글로벌 차원에서 가치 창출이 이루어진 속도를 살펴보면 지난 25년간 급속히 빨라졌음을 알 수 있다. 1990년대 초 독일의 경제 개방도(GDP 대비 수출입 비중)는 40퍼센트에 불과했지만, 2017년에는 그 두 배가 넘는 86퍼센트까지 올라갔다. 경제협력개발기구OECD 회원국 중 한국 다음으로 높은 수치다. 맥킨지 글로벌 연구소McKinsey Global Institute에 따르면 독일은 글로벌 연결성 순위에서 홍콩과 미국을 누르고 1위를 차지했다.

2005년부터 2014년까지 10년 동안 전통적인 상품 및 서비스 무역과 국가 간 직접 투자는 두 배 증가했다. 같은 기간 인터넷 트래픽은 18배, 광대역 이용은 44배 증가했다. 디지털 연결의 확대에 따라 기업들은 전 세계에 걸쳐 있는 고객에게 대응할 수 있도록 업무 과정과 조직을 구조조정하고 있다. 노동의 유연성도 모색하고 있다. 지속적 혁신, 생산력 증가, 비용 절감의 압박으로 기업의 의사 결정과 투자 구조는 갈수록 다국적화되고, 가치 창출의 네트워크 또한 한 기업의 범위를 넘어 전 세계로 확대되고 있다.

글로벌화 동향이 국내 혹은 국제적으로 부의 분배 관계에 어떠한 영향을 미치는지에 대해서는 논란이 있다. 1980년부터 2010년 사이에 개발 도상, 혹은 저개발 국가들이 세계 수출에서 차지하는 비중이 3분의 1에서 2분의 1 정도로 상승했다. 선진국에서 개발 도상국으로 기술이 이전되고, 무역 거래가 늘면서 국제적 차원의 분업이 일어난 효과다. 특히 인구 밀도가 높은 아시아 국가들의 세계 경제 참여도가 높아지면서 이 지역 국가들의 빈곤이 상당히 줄었다. 산업 선진 국가들은 생산 라인이 국외로 빠져나가면서 저숙련 노동자의 실업률이 증가하는 어려움에 봉착하게 되었다. 전반적으로 봤을 때 OECD 국가들의 소득 불균형이 30~40년 만에 가장 높은 수준에 근접했다.

인구학적 측면에서 지난 20년간 독일은 안정된 수준의 인구 규모를 유지해 왔지만 노년층이 차지하는 비율이 빠르게 증가하고 있다. 2020년에는 생산 가능 인구의 20퍼센트가 60~66세의 노령자가 될 전망이다. 최근 출생한 아이들의 기대 수명은 1960년대와 비교할 때 11년이 늘었고, 건강한 상태로 생존하는 기간도 늘어나고 있다. 인구 고령화의 주요 원인은 출생률 감소다. 1970년대 이래 독일의 합계 특수 출산율[8]은 평균 1.4명이다. 그러나 현재의 인구를 유지하기 위해서는 합계 특수 출산율이 평균 2.1명이 되어야 한다. 이와 같은 인구 구조의 변화는 1990년대 중반부터 노동 시장에 뚜렷한 영향을 미치기 시작했다. 출생률 감소에 따른 노동 인구의 감소는 여성과 중·장년층의 취업률 증가로 상쇄되고 있지만, 앞으로는 이런 방식으로 노동 인구를 채워 나가기가 점점 어려워질 것이다. 2030년부터 베이비부머 세대 노동 인구의 은퇴가 시작되기 때문이다.

인구 변화에 있어서 또 다른 중요한 부분이 노동 인구의 국제적 이동이다. 독일 통일 이후 2015년까지 매년 평균 28만 명이 독일로 유입됐고, 2015년 독일의 외국인 노동자 비율은 최고점에 달했다. 최근 독일로 유입된 인구는 유럽 외 지역의 난민이 대부분을 차지한다. 이 난민 집단은 연령이 비교적 낮아 2015년 독일로 유입된 난민 중 절반이 25세 이하다. 이는 독일의 생산 가능 인구를 증가시키는 데 큰 역할을 했다.

노동력의 양적 공급과 함께 숙련된 노동력의 부족을 막기 위해서는 일자리 수요·공급의 불균형을 해소해야 한다. 숙련 노동력 수요를 충족하기 위해서는 국민의 직업 능력 수준을 향상시키는 것이 매우 중요하다. 지난 몇 년간 생산 가능 인구의 교육 수준은 꾸준히 높아졌다. 현재 학령 인구의 41퍼센트가 대학 수학 능력 테스트 자격을 갖추고 있는데, 2006년만 해도 이 비율은 30퍼센트에 불과했다. 그리고 여성의 비율이 남성보다 높다. 반면 일반 중등학교 졸업생의 비율은 2006년 27퍼센트에서 현재 21퍼센트로, 일반 중등학교 학업 중퇴자 비율은 8퍼센트에서 6퍼센트로 감소했다. 직업 능력 수준과 수입은 연관성이 뚜렷하게 나타난다. 직업 교육을 받거나 대학 입학 자격인 아비투어abitur를 확보했거나 대학을 졸업한 노동자는 그렇지 못한 노동자에 비해 더 많은 보수를 받고 있다.

경제, 사회의 변화는 생활 방식과 가치관의 변화에 영향을 미치고, 달라진 생활 방식과 가치관은 미래 노동에 중대한 영향을 미친다. 오늘날 미래를 대변하는 키워드는 개인주의화, 가정과 사회생활의 양립에 대한 인식 변화, 생활 방식 및 노동(직업) 선호의 다변화, 새로운 소비 행태 등이다. 사회적 가치와 인간관계의 변화는 무엇보다 성 역할에 큰 변화를 가져왔다. 여성 노동 인구 비율이 지속적으로 증가함에 따라 맞벌이 부부가 급증하고 있다. 아직까지 전통적 개념인 가장의 수입에 의존하는 가정이 있지만, 이제는 두 명이 모두 일하는 맞벌이나 한 사람은 전일제, 다른 한 사람은 반일제로 근무하는 '1.5 맞벌이' 부부, 한 부모 가정의 혼재가 자연스러운 시대가 되었다. 이와 같은 가족 모델이 나타나면서 양성평등에 대한 인식 수준도 높아져서 일도, 가사도 남녀 구별 없이 함께하는 경우가 늘어나고 있다. 더 나아가 각자 취미를 즐기고 좋아하는 일을 하고자 하는 욕구도 강해지고 있다. 세대 관계에도 변화가 보인다. 조부모가 손주 양육에 참여하는 비율이 높아지고, 자녀가 부모와 동거하거나 재정적으로 의존하는 기간이 길어지고 있다.

## 노동 인식의 변화

X세대에 이어 Y세대 등 새로운 세대들이 등장하고 있다. 새로운 세대가 가지고 있는 가치관은 이전의 세대와 다르다. 그럼에도 불구하고 젊은 세대와 이전 세대의 연속성도 있다. X세대, Y세대가 생각하는 '좋은 일자리'의 기준은 기성세대와 마찬가지로 안정성과 높은 보수다. 그렇지만 노동자들의 삶의 모습과 선호도는 다양화되고 있다. 조사에 따르면 독일 노동자들은 노동에 대해 일곱 가지의 가치 체계를 보여 준다.

1. 노동에 대한 걱정 없이 살고 싶은 유형(28퍼센트)

이들은 물질적으로 걱정이 없고 안정된 공동체 속의 삶을 원한다. 이들에게 노동이란 누리고 싶은 삶의 본질과 비슷해야 하는 것이다. 예측이 가능한 삶을 영위하는 일이 매우 중요하며, 일의 속도를 높이거나 성과를 위한 압박의 강도가 높아지는 것에 대해 부정적이다. 이들은 국가와 사회가 자신들이 원하는 노동을 할 수 있는 여건을 만들어 주길 기대한다.

## 2. 열심히 일하여 풍요로운 삶을 이루고 싶은 유형(15퍼센트)

이 부류의 노동자들은 일생 동안 열심히 일하는 것을 당연하게 생각한다. 이들은 다소 어려움을 겪더라도 열심히 일하면 결국 긍정적인 결과가 나온다고 믿는다. 열심히 일한 뒤 어느 정도 풍요로운 삶을 누리는 것은 당연하며, 정부가 이를 보장해 줄 것이라 기대한다. 그러나 현시점에서는 노력하는 만큼의 성공과 사회적 인정을 받지 못하고 있다고 여긴다.

## 3. 일과 삶의 균형을 찾고 싶은 유형(14퍼센트)

이들은 이상적인 노동은 가정생활, 자아실현, 사회생활과 유지·병행할 수 있는 것이라고 생각한다. 이들은 사회에 속한 모든 구성원이 함께 좋은 환경을 만들어 가는 것이 사회의 존재 이유라고 생각한다. 또한 경제와 노동의 영역이 인간의 필요에 맞게 바뀌는 것이지 그 반대가 되어서는 안 된다고 생각한다. 이들은 물질적 안정을 위해 그들이 세워 놓은 원칙을 무너뜨리는 것은 원치 않는다. 대신 국가가 효과적, 효율적으로 사회적 공동 결정을 내릴 수 있는 여러 가지 여건을 마련해 주기를 기대한다.

## 4. 일 외의 영역에서 의미를 찾고 싶은 유형(13퍼센트)

이들은 생계를 위한 노동에서만 삶의 의미를 찾지 않는다. 자발적으로 사회에 기여해 사회 전체가 보다 나은 방향으로 발전하는 것을 더 중요한 가치로 생각한다. 이타적인 활동이 생계유지보다 중요하다는 것이다. 이들은 모든 국민이 삶에 진정한 의미를 찾을 수 있는 과제를 국가가 부여해 주길 바란다.

## 5. 자신의 역량을 총동원해 일하고 싶은 유형(11퍼센트)

이들은 노동의 핵심 가치가 책임과 효율성, 역량 발휘라고 생각한다. 디지털화를 통한 경제와 사회의 빠른 발전에 부담을 느끼기보다는 새로운 도전으로 인식한다. 대체로 노력을 통해 성공한 경험이 있으며 평생 학습으로 사회 변화에 대응해야 한다고 생각한다. 이들은 변화하는 노동의 세계 속에서 마주할 도전들을 스스로 잘 극복할 수 있도록 국가가 사회적 구조를 잘 갖춰 주기를 바란다.

## 6. 일 속에서 자아실현을 하고 싶은 유형(10퍼센트)

이들에게 이상적인 노동이란 일 속에서 계속 새로운 자신을 발견하며 새롭고 재미있는 경험을 많이 하는 것이다. 네트워크를 통해 다른 나라에도 비슷한 생각을 가진 사람들이 존재한다는 것을 알고 있으며 자아실현은 역량 발휘, 성과나 효율성과 배치되는 일이 아니라고 생각한다. 이들은 노동자의 개인 상황을 일에 능동적으로 반영할 수 있는 방안을 국가와 기업이 마련해 주기를 기대한다. 예컨대 노동 시간과 공간의 유연성, 자녀 교육을 위한 보조 시스템 등이다.

## 7. 유대감이 강한 공동체 내에서 일하고 싶은 유형(9퍼센트)

이들은 노동자 간의 상호 충성, 상호 지지가 보장되고 자신의 성과와 공동체 참여도를 제대로 인정받을 수 있는 일을 가장 이상적인 노동으로 생각한다. 이들은 사회 발전을 부분적으로는 걱정스럽게 인식한다. 점점 많은 사람들이 사회에서 자신의 자리를 잃어 가고 있기 때문이다. 이들은 기업이 노동자 복지를 보장해 주던 과거로 돌아가고 싶어 한다. 국가와 기업이 노동자의 복지와 풍요로움을 강화하는 일을 의무적으로 이행해 주기를 바란다.

응답자들은 디지털화를 노동과 관련한 자기 결정권을 강화할 수 있는 기회로 보기도 하고, 실직의 위험으로 보기도 한다. 디지털화로 인한 새로운 가능성은 일상생활과 문화의 변화와 연관이 있다. 정보 접근성의 확대, 소셜 네트워크를 통한 커뮤니케이션, 알고리즘이 인간의 사유와 행동 방식에 영향을 미치고 사회를 근본적으로 바꿔 가고 있다.

디지털화가 얼마나 진행될지, 노동 세계에 어떤 영향을 미칠지 아직 정확히 예측할 수 없다. 그러나 변화된 소비 행태가 일상적인 노동에 영향을 미칠 것이라는 점은 예상할 수 있다. 온라인 상거래가 많은 영역을 급격하게 변화시켰다. 변화한 사회 구조와 가치 체계가 새로운 소비 행태와 수요를 창출해 내고 있으며, 이 행태와 수요는 다시 디지털 경제에 의해 개선되거나 완전히 새로운 방식으로 충족될 것이다. 예를 들어 자동차와 자전거, 사무실, 음악, 영상 등을 소유하기보다는 빌려 쓰는 소비 행태인 공유 경제sharing economy 같은 영역이 만들어지는 것이다. 동시에 소비자들은 온 디맨드 경제 on-demand economy[9] 시스템 속에서 소비 욕구를 보다 빠르게 만족시키고 있다. 고객과 이용자는 프로슈머prosumer로서, 혹은 데이터와 콘텐츠의 공급자로서 적극적으로 혁신과 가치 창출 과정에 참여하고 있다.

이와 같은 변화는 양면적이다. 생태학적 지속 가능성과 경제 성장이라는 측면에서는 긍정적이지만, 노동 기준과 임금 하락의 압박, 단순 서비스 노동의 증가라는 부정적인 측면도 있다. 결국 미래의 노동은 우리가 소비자로서 어떠한 욕구들을 가지게 될 것이냐 하는 문제와 불가분의 관계에 있다고 할 수 있다.

## 직업 세계의 변화

디지털화, 글로벌화, 노동 인구 구조의 변화, 문화와 가치관의 변화는 직업 세계와 노동 시장에 커다란 변화를 가져오고 있다. 구체적으로 이러한 변화는 디지털화에 따른 일자리 증감, 디지털 플랫폼의 등장에 따른 경제와 산업의 변화, 빅데이터와 개인 정보 보호, 인간과 기계의 관계 변화, 근무 시간 및 장소의 유연성 등에서 직업 세계에 새로운 이슈와 갈등, 기회로 이어지고 있다.

### 1. 고용 효과 ; 업종과 업무의 변화

디지털화는 미래에 일자리의 감소로 이어질 것인가, 증가로 이어질 것인가? 현시점에서는 디지털화가 일자리의 불안전성을 심화한다는 전망이 우세하다. 독일 노동 시장은 통일 직후에 실업자 수가 증가하다가 이후 꾸준히 일자리가 늘어나고 업종 및 직업 간 고용 비중의 변화를 겪어 왔다. 디지털화가 단순 반복적인 업무들을 자동화할 가능성은 높지만, 개별 업무의 자동화가 특정 직종 전체의 업무 자동화로 이어질 가능성은 높지 않다. 또한 자동화에 대해서는 여러 법적, 사회적, 경제적 제약이 존재하기 때문에 이에 대한 고려도 필요하다. 일자리 소멸 가능성과 동시에 자동화에 따른 고용 및 임금 양극화는 중산층의 감소와 불평등의 심화를 초래할 수 있으나 독일에서는 아직까지 이런 현상이 두드러지게 나타나지는 않고 있다. 향후 노동의 구조적 변화 속에서 노동자들에게 새로운 기회를 제공하고 그들의 적응력을 높이기 위한 노력이 필요하다.

## 2. 디지털 플랫폼 ; 새로운 시장과 근로 형태

스마트폰, 모바일 인터넷, 클라우드 컴퓨팅cloud computing 같은 디지털 혁신은 플랫폼 비즈니스로 대표되는 새로운 사업 모델의 등장을 가져왔다. 다면적 시장인 플랫폼은 공급자인 동시에 소비자가 될 수 있는 다양한 유형으로 발전하고 있다. 페이스북Facebook, 유튜브Youtube 등의 소셜 커뮤니케이션 플랫폼, 이베이eBay와 같은 디지털 상거래 플랫폼, 우버와 에어비엔비 같은 중개 플랫폼을 거쳐 IT를 기반으로 개별 노동자들을 연결시켜 주는 중개 플랫폼인 크라우드 워킹crowd work[10] 플랫폼이 등장하고 있다. 노동의 욕구가 강한 개별 노동자들이 연결되는 크라우드 워킹 플랫폼이 증가하면 디지털 시대의 형태에 맞는 1인 자영업자가 증가할 것으로 예상된다. 기업들이 다수의 사람들에게 아웃소싱한 업무를 수행하는 개념인 크라우드 워크는 노동자가 높은 수준의 자기 결정권을 확보하는 동시에 고용 및 소득의 불확실성을 감내해야 하는 양면성을 지닌다.

디지털 플랫폼 시장에선 승자 독식 형태의 독점 현상이

나타날 가능성이 높다. 분산된 시장이 특정 플랫폼으로 집중되면서 시장 지배적 지위가 형성되는 플랫폼 자본주의platform capitalism라는 현상이 나타나기도 한다. 자원의 공유와 공동 이용이 확산되면 소유의 의미가 사라지고 생산자와 소비자의 경계가 모호해질 것이다. 혁신적 생산 수단은 더 이상 대기업의 전유물이 아닐 수도 있다. 과거 시장 경제에서 볼 수 있었던 이웃, 동료 간의 협력도 디지털 플랫폼 경제 구조에서는 약화될 것으로 예상된다.

## 3. 빅데이터 ; 디지털 경제의 원료

인터넷이 사람 간의 커뮤니케이션에 이어 사물까지 이어 주는 사물 인터넷으로 진화하면서 급속하게 증가하는 데이터의 수집, 저장, 분석 기술도 함께 발전하고 있다. 지능화된 알고리즘은 데이터 마이닝data mining[11]을 통해 실시간으로 데이터 간의 패턴을 파악하여, 특정 개인 또는 조직의 미래 행동을 예측할 수 있게 해준다. 그러나 방대한 자료를 수집하고 분석하는 과정에서 오류가 발생할 경우 실제 다가올 미래와는 다른 엉뚱한 예측이 도출될 우려도 있다. 또 빅데이터 분석을 통해 나온 결론에 대한 해석이 제각기 다르거나 나쁜 의도를 가진 누군가에 의해 조작될 가능성도 존재한다.

디지털 경제의 원료라고 할 수 있는 빅데이터에는 개인

정보도 포함된다. 이 정보는 노동자를 감시하고 사생활 및 자유를 침해하는 수단으로 악용될 수 있다. 로컬 서버에 저장됐던 은행, 보험, 행정 기관의 정보들이 이제 클라우드 기반으로 관리된다. 이로 인해 해킹의 가능성도 증가한다. 또 방대한 개인 정보에 대한 권력의 접근성이 높아지기 때문에 국민에 대한 감시 체제가 강화될 수도 있다. 따라서 정보 보호를 위한 법과 규율은 열린 과정을 통해 체계적으로 만들어져야 한다. 개인 정보에 대한 자기 결정권이 강화되는 방식으로 진행돼야 한다.

## 4. 인더스트리 4.0과 인간, 기계의 상호 작용

인더스트리 4.0과 가상 물리 시스템은 인간과 기계의 협업을 질적으로 도약시키고 있다. 네트워크 속에서 인간, 도구, 제품이 연결되고 상호 작용하면서 인공지능이 진화하고 있다. 인공지능은 제조업에서부터 지식 서비스, 돌봄 서비스 등 서비스업에도 큰 변화를 불러온다. 디지털화는 산업, 서비스, 지식 노동을 불문하고 인간, 공정, 기술로 이루어진 전체 사회의 기술적 시스템을 변모시키고 있다. 이 같은 현상은 단순 반복적인 노동의 부담을 감소시켜 노동자가 새로운 능력을 개발하도록 유도할 수 있다. 그러나 자동화에 따른 작업 과정의 획일화, 최적화로 인해 노동자가 역량이나 경험을 축적하기보다 지시에만 따르는 단순 노동을 반복해 오히려 노동 능력을 상실하는 현상도 우려된다.

두 가지 시나리오를 생각해 볼 수 있다. 먼저 많은 업무 공정에서 자동화가 이뤄진 고도의 기술 중심 시나리오가 있다. 이 시나리오에서는 자동화로 인한 노동 상실 현상이 폭넓게 발생하고, 노동 시장은 고도로 숙련된 기획자 집단과 이들의 결정에 의해 단순 업무를 수행하는 노동자 집단으로 양분된다. 또 하나는 인간 중심 시나리오다. 이 시나리오에서는 인간이 느슨한 네트워크 속에서 계속해서 관리 및 결정 권한을 가지고 경험을 바탕으로 기술을 활용해 업무 공정에서 가치를 창출하는 역할을 한다.

## 5. 노동 시간과 장소의 유연화

광대역 인터넷, 네트워크 기술, 모바일 단말기 등 디지털 기술로 노동자는 언제 어디서나 작업 도구에 접속해 업무를 수행할 수 있다. 그리고 노동자들은 개인의 상황에 맞게 근무 시간과 일정을 조정하기를 원한다. 디지털화로 노동자와 사용자 모두 재택근무와 원격 근무라는 형태로 노동 시간과 공간의 유연성을 일정 부분 확보할 수 있었다. 근로 시간과 장소의 유연화는 노동에 대한 자기 결정권을 강화하는 기회를 제공하고, 일과 삶의 양립에 대한 해결책을 제시하고 있다. 동시에 상시적으로 커뮤니케이션이 가능한 환경을 조성해 노동의 탈경계화 현상을 일으켰다. 업무와 개인 생활, 일과 여가, 직장과 집의 경계가 모호해지면서 노동자의 스트레스가 가중되는 문제가 있다.

## 6. 기업 조직 구조 변혁

앞서 살펴본 바와 같이 디지털화는 경제와 노동 환경을 변화시키고 있으며, 이는 다시 기업 조직의 변화에 영향을 미치고 있다. 전통적 개념의 대기업은 표준화된 제품을 대량 생산하기 위한 인력과 생산 프로세스를 기업 내부에 보유하고 수직적으로 통합된 위계 조직이다. 이런 조직 구조의 전성기는 지났다. 그럼에도 불구하고 이를 대신할 새로운 패러다임이 등장하지 않고 있다. 린 생산lean production 또는 린 경영lean management[12], 분업의 종말에서 더 나아가 기업과 사업장이 해체되는 네트워크 기업networked company으로 진화할지는 아직 불분명하다. 다만 기업과 업무가 조직되는 방법에 세 가지 변화의 축을 파악할 수 있다. 첫째는 기업 리스크의 외부 전가로 인한 크라우드 소싱crowd sourcing[13], 아웃소싱, 도급 계약, 파견직의 증가다. 둘째는 기간제, 파트타임 등 근무 시간의 유연성, 업무 형태의 민첩성, 내부 크라우드 소싱의 증가다. 셋째는 공간 분산화 및 가상화로 인한 재택근무, 모바일 근무, 가상 조직(팀), 공동 사무실의 증가다.

## 좋은 노동을 위한 질문

인더스트리 4.0의 차원에서 미래 동향을 디지털화, 글로벌화, 노동 인구 구조의 변화, 문화와 가치관의 변화 등으로 정의한 독일은 이에 대응하기 위해 감당해야 할 과제를 다음 여섯 가지 질문의 형태로《녹서 4.0》에서 제시하고 있다.

### 1. 모두를 위한 일자리 마련이 가능할 것인가?

직업을 가지고 노동 시장에 참여한다는 것은 단지 생계를 유지할 수 있는 재화를 벌어들인다는 것만을 의미하지 않는다. 직업과 노동이란 한 인간의 정체성과 존엄성, 사회적 인정과 관계의 핵심을 구성하며 그런 의미에서 한 개인의 삶과 역사 그 자체를 의미하기도 한다. 그렇기 때문에 한 사회에 속한 구성원들이 모두 적정한 보수를 받는 직업에 종사하는 일은 무척 중요하다. 그러나 글로벌화, 디지털화, 생산 공정 자동화 등의 영향으로 직업 세계가 구조조정되고 재편되면서 모두를 위한 일자리 마련이 과연 가능할 것인지에 대한 의문과 걱정, 두려움이 커지고 있다. 인더스트리 4.0의 시대를 맞이하면서 이와 같은 두려움이 단지 저숙련, 저임금 직종에서뿐만 아니라 전문직, 고숙련 노동자에게까지 번지고 있다는 것은 더 큰 문제다.

## 2. 인생 주기에 따라 노동 형태는 어떻게 변화될 것인가?

노동이란 한 개인에게는 일상을 구성하는 핵심적 부분이다. 그렇기 때문에 노동이란 개인의 삶의 형태를 결정짓는 결정적 요소이기도 하다. 인더스트리 4.0 시대에 들어서면서 아직 견고하게 그 틀이 유지되고 있는 '나인 투 파이브nine to five' 방식의 노동 주기는 급속히 붕괴될 전망이다. 테크놀로지의 도움으로 노동 시간의 탄력성이 크게 증가할 것이며, 노동자 입장에서는 일과 가정, 재교육과 자기 개발을 포함한 교육, 세 가지 요소를 탄력적으로 조화시킬 수 있는 자유를 줄 것으로 기대된다. 반면 글로벌화로 인해 노동 시간이 늘어나고 일과 사적인 삶의 경계가 모호해지면서 결과적으로 과잉 노동, 심지어 업무 시간 이외에도 온라인으로 업무를 수행하는 24시간 풀타임 노동의 상황으로 귀결될 가능성도 있다.

## 3. 노동과 관련된 사회 안전망은 어떻게 구축할 것인가?

독일에서 노동과 관련된 사회 안전망이란 국가적 차원에서 기본적으로 갖추어야 할 사회 시스템이다. 독일의 역사를 통해서 생생하게 증명되고 있듯이 노동자의 기초적인 생활 기반을 보장해 주는 사회 안전망은 장기적인 안목에서 볼 때 사용자 입장에서도 꾸준한 성장을 가져오는 원동력이다. 또한 세계 경제의 동향에 따라 수시로 닥쳐올 수 있는 위기의 순간에 국내 경제가 순식간에 무너져 내리지 않도록 든든하게 뒷받침하는 토대를 마련해 준다. 그렇기에 미래에 닥쳐올 급격한 변화의 상황에서도 무엇보다 먼저 노동 시스템의 사회적 안전망 구축이 이루어져야 한다. 특히 이 문제와 관련해 가장 우려를 낳는 부분은 미래의 노동 시장에서 1인 자영업(1인 기업)의 비율이 급격히 늘어나게 될 전망이라는 점이다. 이러한 상황의 노동자들을 위한 사회적 안전망을 어떻게 마련할 것인지가 시급한 과제로 부상할 것이다.

4. 숙련 노동의 미래와 훈련 체계는 어떻게 구성할 것인가?

미래의 산업 구조와 직종은 큰 변화를 겪을 것이다. 숙련 노동의 미래 전망과 숙련 직종을 위한 직업 훈련 차원의 대비책 논의가 시급하다. 직업 훈련을 포함한 교육 체계의 전반적인 구성은 일반적으로 산업 구조의 형성을 전제로 하며 완성되기까지 절대적인 시간을 요하기 때문에 완성 이전에 여러 문제들이 발생할 것이다. 이러한 상황을 고려할 때 미래에 요구되는 핵심 역량이 무엇인지 예상하여 그 역량 위주의 교육이 이루어지도록 교육 시스템 전체를 개선하는 일이 가장 먼저 필요하다.

5. 좋은 노동은 어떠한 형태로 이루어져야 하는가?

급속히 발전하는 테크놀로지의 도움을 받아 인간의 노동은 종전과 완전히 다른 방식으로 전개될 전망이다. 바람직한 방향은 테크놀로지 의존도가 점차 높아질 노동의 일상에서 인간의 자율권이 강화되고, 일과 가정, 여가 시간의 균형을 찾는 것이다. 노동의 변화가 궁극적으로 노동자의 행복과 육체적, 정신적 건강을 증진시키는 방향으로 진행돼야 한다는 뜻이다. 즉, '노동의 인간화'를 지향하는 노동 시스템이 구축돼야 한다.

## 6. 노동 문화는 어떻게 조성돼야 할 것인가?

미래의 산업 체계를 성공적으로 이끌어 가기 위해서는 사용자가 노동자에게 어떤 노동 문화를 제공할 것인지 고민해야 한다. 노동자의 적극적인 의사 개진과 의사 결정 참여가 가능한 협동적인 노동 환경은 노동자의 역량을 최대한 발휘하도록 할 뿐만 아니라 창의성을 크게 향상시키는 문화라고 할 수 있다. 그러나 테크놀로지 의존도가 점점 높아지는 미래의 노동 문화에서 의사 결정 과정에 공동의 참여를 이끌어 낼 수 있는 가능성은 점점 낮아지고 있다.

녹서는 이와 같은 질문을 던지면서, 기회와 위험이 공존하는 디지털화 속에서 좋은 노동을 찾기 위해 견지해야 할 네 가지 원칙을 제시했다. 첫째, 노동 환경의 변화에 사후 반응하기보다 적극적 예방 조치를 모색해야 한다. 둘째, 디지털화에 따른 이해관계 충돌을 예방하고 조율할 때 서로 동반자의 관점에서 해결한다는 인식을 가져야 한다. 셋째, 정부는 이해관계 관철이 어려운 개인을 지원해 동반자 관계의 여건을 마련해야 한다. 넷째, 경제 및 기술 결정론에 의존하기보다 사회가 함께 인더스트리 4.0을 만들어 가야 한다는 것이다.

## 노동 4.0의 비전

녹서에서 던진 질문에 대한 토론의 결과로 발간된《노동 4.0 백서》에서는 무엇보다 디지털화되는 직업 세계 속에서 미래를 이끌어 가는 이상향으로서 좋은 노동을 위해 과연 무엇을 해야 하는지 밝히고 있다. 좋은 노동의 비전은 독일의 경제 및 사회 모델의 강점에서 출발한다. 독일 모델의 장점은 강한 중소기업, 고품질 생산, 혁신적 산업, 높은 수출 비중 등이다. 이와 같은 비교 우위를 활용해 디지털화를 위한 고도화 전략을 추진해야 한다. 이를 위해서는 높은 수준의 임금과 숙련된 전문 인력이 필요하다.

### 1. 경쟁력 있는 임금 체계와 사회 안전망 확보

디지털화로 인한 생산 이익은 임금 상승으로 이어져야 한다. 성과에 부합하는 수입을 보장하고 남녀 간 임금 격차를 해소해야 한다. 단체 협약은 이를 위한 중요한 수단 중 하나다. 고령, 질병, 사고, 실직 등의 위험에 대한 사회적 보호가 제공돼야 한다. 자영업에 종사하더라도 사회적 보호를 받아야 한다.

## 2. 좋은 노동으로의 통합

누구에게나 좋은 노동, 즉 직업적 상승이 가능한 안정적인 일자리의 기회가 주어져야 한다. 모든 국민들이 완전 고용의 형태로 좋은 노동에 종사하는 것이 핵심 목표다. 특히 비숙련 노동자들을 위한 적극적인 지원과 직업 능력 개발로 취업 가능성을 높여 줘야 한다.

## 3. 다양한 노동 유형의 표준화

점차 다양화되는 노동 유형을 인정하고, 생애 단계에 따른 노동의 자율적 결정을 보장해야 한다. 갈수록 노동 조건, 노사 관계에 있어서 표준이라는 규범이 모호해지고 있다. 예를 들어 전일제와 파트타임제, 취업과 가정생활에 의한 경력 단절, 고용 노동과 자영업을 나누는 경계선이 흐려지고 있다. '무정형無定形 노동'이 새로운 표준이 되고 있다. 사회적 파트너들과 정책 입안자들은 다양한 형태로 나타나는 노동에 대한 요구들을 인정하고, 그 안에서 노동자의 자기 결정권이 최대한 보장되도록 사회적 보호를 제공해야 한다.

## 4. 노동의 질 유지

디지털 기술의 발전을 발판으로 삼아 노동의 과정과 구조를 보다 나은 방향으로 개선하는 전략을 세워야 한다. 디지털화된 노동 세계 속에서 노동의 질을 결정짓는 네 가지 키워드는 다음과 같다. 유연성, 인간과 기계의 새로운 관계 설정, 새로운 조직 구조, 생산 공정의 빅데이터 활용이다. 이 키워드들은 직업 세계를 개선해 나갈 핵심 요소가 될 수도 있지만, 새로운 부담과 압박의 요소로 작용할 가능성도 있다. 이 요소들이 긍정적인 효과를 내려면 생산 공정과 사업 모델을 새롭게 구축하고, 새로운 산업 안전 보건 정책과 연계시킬 수 있는 방안을 모색해야 한다.

## 5. 공동 결정, 노동자의 참여, 기업 문화를 함께 고려하기

좋은 노동에 대한 비전을 달성하기 위해서는 정부가 먼저 큰 틀의 제도를 수립해야 한다. 이후 구체적 사항은 사회적 파트너와 사업장 차원에서 협의해 결정하는 것이 바람직하다. 혁신적 민주 사회나 기업에서 대의적 구조의 공동 결정과 노동자의 개별적 참여 확대는 상호 보완적 성격이다. 개인과 사회적 파트너 간 공동 결정 제도에 기반을 둔 긴밀한 협업이 필요하다. 노동자 개인의 참여 보장과 함께 기업의 경영 문화도 수평적, 민주적으로 개선돼야 한다.

## 노동의 실험

《노동 4.0 백서》는 인더스트리 4.0 시대를 맞이해 좋은 노동의 비전을 달성하기 위해 향후 독일에 주어진 과제가 무엇인지 확인하고, 사회적 파트너와의 대화를 통해 정치적 결론을 도출하고, 다음과 같은 실행 과제를 제안하고 있다.

### 1. 고용 가능성 ; 실업 보험에서 고용 보험으로

노동 4.0 시대에도 높은 수준의 고용과 취업 가능성을 유지하려면 어떻게 해야 할 것인가? 노동자들에게 좋은 노동이란 생계가 보장되는 적정 소득을 확보할 수 있는 상시적 일자리를 의미한다. 독일 정부는 미래 노동 시장의 질서를 구축하기 위한 기준을 제시해 왔다. 최저 임금을 보장하고, 파견 노동이나 계약직 노동에 대한 사용자의 횡포를 막고, 장기 실직자와 난민이 노동 시장에 보다 광범위하게 진입할 수 있는 방안을 마련한 일 등이다.

디지털화된 사회에서 높은 고용 수준을 유지하기 위해서는 생산 수익의 분배가 중요하다. 대규모 디지털 플랫폼 기업들의 이윤에 대한 세금 부과가 제대로 이루어져야 한다. 소득이 높아지면 성장하는 시장의 상품과 서비스에 대한 수요가 늘어나고 고용도 증가한다. 고용 중심 경제 정책이라는 거시 경제 차원의 틀을 만들고, 산업 및 서비스 정책이 이러한 구조적 변화를 지원하고 사회 안전망을 제공하는 역할을 수행해야 한다. 이러한 노력을 통해 달성하고자 하는 최종 목표는 국민 모두의 노동이다.

미래 지향적인 노동 시장 정책도 필요하다. 미래에 소요될 숙련 노동 수요를 파악해 인구, 지역, 전문 인력 공급 간의 미스매치를 방지해야 한다. 무엇보다 모든 영역에서 교육 제도를 혁신적으로 변화시켜야 한다. 제도 교육, 평생 직업 능력 개발과 이를 위한 시스템에 적극 투자해 경쟁력을 높여야 한다. 독일의 미래는 고학력 숙련 노동자들에 의해 크게 좌우될 것이다. 사회적 협력, 소통, 다문화 이해, 창의적 사고 및 추상적 사고, 신속한 정보 처리 및 정보 선별 능력과 디지털 문해력은 노동 시장에서의 성공을 위해 필수적이다.

독일 연방노동사회부는 노동자를 예방적 차원에서 지원하기 위해 실업 보험을 발전시켜 평생 직업 교육을 통해 직업 능력을 향상시키는 고용 보험으로 단계적 전환을 추진하고 있다. 노동자가 생애 전반에 걸쳐 직업 능력의 개발과 향상 기회를 가질 수 있도록 체계적으로 지원하고자 한다. 장기적으로는 '개인 노동자 계좌'라는 자금 지원 시스템을 신설해 노동자들이 능력 개발 및 경력 단절 시에 활용할 수 있는 초기 자본을 세금으로 지원할 계획이다.

## 2. 노동 시간 ; 유연성과 자율성

미래의 직업 세계에서 노동 시간에 관한 사항을 누가 통제하게 될 것인가? 노동 시간의 유연성은 사용자와 노동자 간의 의견 차가 두드러지게 나타나는 문제다. 사용자는 기업의 필요에 따라 노동 시간과 휴식 시간의 경계를 개방할 것을 요구하고 있다. 반면 노조는 연락받지 않을 권리, 노동 시간 결정의 권리, 원격 노동의 권리 등이 노동자의 새로운 권리 영역에 포함돼야 한다고 주장한다.

노동 4.0의 논쟁 결과는 다음과 같다. 노동자들은 노동과 휴식의 경계를 허무는 노동의 탈경계화와 과다 근무로부터 보호받아야 한다. 노동 시간과 장소를 자유롭게 선택할 수 있는 권리를 보장받음으로써 자기 결정권을 누릴 수 있어야 한다. 노동 시간의 유연성을 통해 노동자들은 업무와 사생활을 보다 조화롭게 연결시키고 싶어 하고, 특히 재택근무와 같은 유연 근무 모델을 선호하고 있다. 그러나 노동과 휴식, 직업과 사생활의 경계가 모호해지면 노동 시간이 길어진다. 이와 같은 상황이 오래 지속되면 노동자의 심신 건강이 위협을 받게 될 가능성이 있다. 모든 노동자는 안전과 건강 차원에서 보호받을 권리를 가지고 있다. 사회적 파트너가 참여하는 가운데 노동자의 노동 시간에 관한 권익과 자율성, 심신의 건강을 최대한 보호하는 방향으로 사용자와 노조의 단체 협약이 체결돼야 한다. 개인의 요구에 따라 노동 시간과 기간을 자유롭게 조정할 수 있는 권리를 보장하는 시간제·기간제 노동법이 발의돼야 한다.

돌봄 휴가나 육아 휴가로 경력 단절이 발생하는 등 인생 주기에 따라 노동 여건이 달라지는 문제도 제도적으로 해결해야 한다. 기업이 정규 노동 시간을 초과한 시간을 적립해 휴가, 단축 근로 등으로 사용할 수 있게 하는 제도인 '장기 노동 시간 계정Langzeitkonto'을 적극 활용하도록 인센티브를 제공하는 방안이 있다. 또 한 가지 방안은 노동자가 노동 시간을 선택할 수 있도록 하는 '노동 시간 선택법Wahlarbeitszeitgesetz'을 만들어 적용해 보는 것이다. 독일은 노동 시간 선택이 노동자의 만족도 및 산업 안전 보건에 미치는 영향을 파악하기 위해 관련 규정을 만들어 2년 정도 시행해 볼 계획이다.

## 3. 서비스 부문 ; 좋은 노동 조건의 촉진

디지털 시대의 노동 시장에서 서비스 부문은 새로운 이슈로 등장하고 있다. 디지털화는 모든 업종에 영향을 미치고 있지만, 그 속도와 강도는 분야마다 다르다. 현재 미디어, 소매업, 제조업, 금융업, 수공업, 운송업 등에서 디지털화가 미치는 영향이 매우 뚜렷하게 나타나고 있다.

2030년의 독일 노동 시장 전망을 살펴보면, 무엇보다 사회적 분야의 서비스업이 대폭 성장할 것으로 예상된다. 특히 여성 고용이 급격히 증가하고 있는 상황에서 육아, 장기 요양, 가사 노동 보조 서비스 등 돌봄·케어 영역의 수요가 확대될 전망이다. 양질의 돌봄 서비스가 합리적인 가격으로 공급되면 숙련 노동자들에게 몰리는 부담을 덜어 주기 때문에 숙련 노동력을 확보하는 데에도 크게 기여할 것이다. 또한 돌봄 분야의 노동은 플랫폼의 중개를 통해 제공되고, 자동화에 의해 사라질 위험이 적기 때문에 향후 더욱 발전할 수 있는 중요한 노동 영역이다.

플랫폼 중개의 온 디맨드 서비스는 일부 대기업들에 의해 독점 운영되는 추세다. 플랫폼 기업의 독점화를 통해 소비자는 다양한 편의 서비스를 손쉽게 누릴 수 있지만, 막상 노동력을 제공하는 크라우드 워커의 입장에서는 노동 조건이 악화될 가능성이 있다. 이와 같은 위험을 줄이기 위해 기업, 소비자, 노조 간의 긴밀한 이해관계 조율이 필요하다.

서비스업 시장에서 중소기업 구조를 유지하기 위해서는 협동조합 경영 방식을 취해 보는 것도 좋은 전략이 될 수 있다. 새로운 플랫폼을 만드는 것은 자본 마련에 위험 부담이 있기 때문에 중소기업 협동조합이 크라우드 펀딩 방식으로 자금을 모아 운영하면 리스크를 줄일 수 있다. 일종의 공유 경제, 협업 공유재collaborative commons 방식인 협동조합은 중앙 집권적 플랫폼의 대안이 될 수 있다. 서비스업, 돌봄·케어 분야의 노동 조건을 개선하고 고용을 늘리기 위해 단체 협약의 확대가 필요하다. 사회 보장 제도 역시 보강되어야 한다.

## 4. 건강한 노동 ; 산업 안전 보건 4.0을 위한 시도들

'좋은', '건강한' 노동을 위한 조건들을 어떻게 하면 확실하게 구축할 수 있을 것인가? 독일은 직업 세계에서 '인간적인 노동'을 강화하는 노력을 지속적으로 기울여 왔다. 노동 자체가 건강과 평안, 노동자의 역량에 부정적 영향을 미쳐서는 안 된다는 것이 인간적인 노동의 의미다. 여기서 건강이란 단지 노동자가 병에 걸리지 않았다는 것만을 뜻하지 않는다. 인간적인 노동이란 해당 노동에 종사하는 노동자가 갖춘 자격에 합당할 뿐 아니라 개인의 역량과 잠재력을 발휘하고 개발할 수 있어 육체적, 정신적, 사회적인 차원에서 모두 만족스러운 상태에 도달한 이상적 상태를 의미한다.

노동에서 정신적인 면이 강조되고 있다. 직업 세계에서 정신적 질환이 크게 증가하고 있는데 이는 소득 감소와 조기 은퇴의 원인이 되기도 한다. 국가적 차원에서 산업 안전 보건 혁신을 위한 연구와 실천적 노력이 필요하다. 독일 공동산업안전보건구상GDA·Gemeinsame Deutsche Arbeitsschutzstrategie은 연방 정부와 각 주, 산재 보험 기금이 중심이 되어 사회적 파트너, 건강 보험 기금 등과 함께 노동 보호를 위해 범국가적으로 구성한 플랫폼 기구다. 새로운 개념의 산업 안전 보건 제도인 '산업 안전 보건 4.0'을 실현하기 위해 GDA는 노동으로 인해 발생하는 심리적 질병들로부터 노동자를 보호하고 건강을 증진하는 것을 목표로 삼는다. 노동을 조직함에 있어 노동자에게 잘못된 부담을 주는 형태의 노동 시간, 노동 프로세스, 의사소통, 협업 등은 최소화하거나 완전히 제거해야 한다.

노동 시간, 노동 공간의 유연성이 커지는 디지털화의 특성을 고려할 때 노동자들이 일에 대한 책임감을 갖고 심신의 건강을 스스로 지킬 수 있는 역량을 키워야 한다. 산업 의학적 예방 활동은 노동자가 처하는 각각의 개별적인 노동 조건에서 노출될 수 있는 건강 위험 요소에 대한 교육과 컨설팅을 위한 방법이 될 것이다. 노동자가 현재보다 더 오래, 건강하게, 높은 수준의 직업 능력과 동기를 가지고 직장 생활을 하는 것은 노동력 감소 문제에 직면한 기업에게도 중요하다.

《노동 4.0 백서》는 산업 안전 보건 4.0이 다음과 같은 요소들을 담고 있어야 한다는 결론을 내렸다. 첫째, 인간과 로봇의 협업과 같은 새로운 기술이 등장함에 따라 노동 보호의 개념이 새롭게 규정돼야 한다. 둘째, 공간적 차원에서 유동적인 노동에 종사하는 노동자와 사용자에게 노동 보호 및 건강 관련 컨설팅과 지원을 제공한다. 셋째, 예방적 차원에서 노동

의 과정을 조직하기 위해 개발 부서와 유기적으로 협력해야
한다. 넷째, 노동에서 발생할 수 있는 건강 문제를 노동자가
스스로 책임지고 해결할 수 있도록 하는 평생 교육이 필요하
다. 다섯째, 사용자는 향후 급격히 변화할 노동 조건(노동자의
자기 책임 요소 증대)을 감안해 노동자의 역량과 자격 기준을
새롭게 개발해야 한다. 여섯째, 노동 감독관들이 심리적 부담
의 증가 같은 새로운 이슈를 다룰 수 있도록 준비시키고, 감
찰과 제재보다는 지원과 컨설팅을 강화해야 한다. 일곱째, 기
업에서 먼저 나서 대비책을 마련하는 예방 문화가 정착될 수
있도록 장려해야 한다.

## 5. 노동자 정보 보호 ; 높은 기준의 적용

디지털화된 경제 구조 속에서 개인 정보 사용의 자기 결정 문
제와 직업 차원에서의 정보 보호 문제가 중요해지고 있다. 특
히 빅데이터와 데이터 마이닝이 직업 세계와 사생활의 영역
에서 널리 활용되면서 개인 정보 보호의 필요성이 날로 커지
고 있다. 정보에 대한 책임감 있는 접근을 보장하는 방법이 설
계돼야 한다. 연방노동사회부는 노동자 정보 보호를 위해 다
음과 같은 두 가지 단계의 대책을 세워 실행해 나갈 예정이다.
첫 번째로 개인 정보 보호와 관련한 공동 결정권 기준을 마련
해 적용한다. 다음 단계로 2018년부터 시행되는 유럽 정보 보

호 기본 규정에 맞춰 독일 국내법을 개정할 계획이다. 연방노동사회부는 노동자 개인 정보 보호를 위한 지표 개발을 목표로 여러 전문가와 사회적 파트너들로 구성된 자문 위원회를 조직할 것이다. 이와 같은 바탕 위에서 학문적인 근거가 있는 기준을 만들 수 있을 것이다.

## 6. 공동 결정과 참여 ; 사회적 파트너들 간의 협력을 통한 변혁의 창출

공동 결정 제도, 노동자의 동등한 참여가 기업 경영 및 법적 차원에서 확대될 필요가 있는가? 노사의 사회적 협력 관계, 공동 결정, 그리고 민주적 노동 조건 형성을 위한 노동자들의 참여는 독일의 사회 국가적인 시장 경제를 이루는 핵심적 요소다. 이는 위기의 시기를 안정적으로 극복하는 든든한 닻으로 기능하며, 국제 경쟁에서 독일이 앞서갈 수 있는 기반이다. 기업들의 우수한 경영 전략과 배치되지 않고 오히려 조화를 이루며 중요한 역할을 한다.

디지털화에 따른 경제, 사회 구조의 변동을 극복하려면 사회 협력적 경영 전략을 위한 구조적 조건들을 강화해야 한다. 연방노동사회부는 향후 사회적 협력을 바탕으로 유대 관계를 더욱 결속하고 강화하는 방향으로 노동의 유연성에 대한 합의를 이끌어 내기 위해 네 가지 핵심 요소를 제시했다. 첫째,

공동 협약 구조의 안정화와 강화, 둘째, 노동자의 조직적 참여 기반 확대, 셋째, 공동 결정을 위한 권리와 수단의 확보, 넷째, 독일과 유럽 내 국가의 기업 공동 결정을 위한 기준 설정이다.

연방노동사회부는 향후 법률적 차원에서 직장 평의회 설립을 권장하는 기준을 마련할 것이다. 시장 경제에서 일어나는 신속한 변화를 잘 파악해서 증가하는 노동 유연성 관련 요구에 적절히 대응할 필요가 있기 때문이다. 이는 기업의 이해관계에도 부합하는 일이다. 연방노동사회부는 직장 평의회가 효율적이며 효과적으로 공동 결정을 수행해 나갈 수 있는 방안을 제안할 것이다.

## 7. 자영업 ; 자유와 사회적 보호의 증진

확대되는 자영업 분야의 임금 및 사회 보장, 그리고 공동 결정과 노동자 참여 문제를 어떻게 해결할 수 있을까? 기업가 정신을 갖춘 자영업자와 창업자를 독려하는 일은 독일의 경제 정책에서 중요한 과제다. 지난 몇 년간 독일 내 자영업자 수는 증가하지 않았다. 노동의 변화에 따라 자영업자 수가 증가하게 될지는 여전히 미지수다. 다만 고용 노동자와 자영업자를 분류하는 경계선이 흐려질 것임은 분명하다. 일시적인 자영업과 부업 등 자영업자를 포함한 모든 노동자에게 복지 사각지대가 생기지 않도록 사회 복지 안전망을 촘촘히 짜야 한다. 자영업자도 고용 노동자와 마찬가지로 법정 연금 제도에 통합하는 것이 바람직하다.

자영업자 조직화를 통해 권리를 지켜 나갈 수 있도록 지원해야 한다. 예를 들어 사실상 사용자에게 고용된 것과 유사한 형태로 일하는 자영업 노동자에게 적용될 단체 협약 체결 권리 조항이 강화돼야 한다. 모든 경우에 공통적으로 적용되는 해결책이 도출되기는 힘들 것이기 때문에 입법자들은 구체적 유형에 따라 어떤 점을 보호해야 하는지 세심하게 확인하고, 각각의 경우에서 노동권, 사회적 권리 등이 합당하게 지켜질 수 있도록 해야 한다. 무엇보다 현시점에서 가장 시급한 과제는 플랫폼 기반의 크라우드 워커를 보호할 수 있는 규정을 확립하는 일이다.

## 8. 사회 복지 국가 ; 미래 전망과 유럽 차원의 대화

독일과 같은 사회 민주주의 국가에서 사회 복지 안전망의 미래는 무엇일까? 사회 국가적 시장 경제 체제 속에서 노동의 미래를 주제로 한 대화는 언제나 사회 복지 국가에 대한 논의로 귀결될 수밖에 없다. 앞에서 서술한 디지털화, 글로벌화, 인구 변화 등 사회 전반의 변화들은 직접적으로 시장 경제와 노동 시장에 영향을 미칠 뿐 아니라 특히 노동과 연관된 사회 보장 시스템에 영향을 미친다.

디지털 시대의 과제는 독일 특유의 사회 국가적 시장 경제 체제 안에서 어떻게 하면 미래를 감당할 만한 국제 경쟁력을 갖춤과 동시에 국민에게 충분한 사회 복지를 제공할 수 있는 지속 가능한 해결책을 마련하느냐는 것이다. 가장 중요한 과제는 사회 복지 국가를 유지하는 재정 확보다. 산업의 전면적인 디지털화에 따른 과세 제도 개편이 시급하다. 디지털 기업 과세 방식부터 부가 가치 기반 과세 등 생산의 한 요소인 노동에 대한 과세 부담을 줄이는 방안 등이 논의되고 있다. 노동자가 개인 정보의 소유주 자격으로 정보 사용료를 받거나 기업의 주주가 되는 방식 등으로 디지털 경제의 소유 구조를 바꾸는 방안도 논의됐다.

두 번째 과제는 복지 제도를 미래에 맞게 재설계하는 것이다. 여러 나라에서 무조건적 기본소득unconditional basic income[14]이 논의되고 있는데, 이에 대해서는 찬반이 나뉘고 있다. 독일의 노동 4.0 논의에서는 무조건적 기본소득에 대한 부정적 인식이 더 크다. 기본소득은 사회가 개인을 노동으로부터 멀어지게 하고, 특권층을 위한 배타적 노동 시장이라는 결과를 낳을 수 있다는 이유에서다. 자동화와 인공지능 등 디지털화로 인한 노동 시장의 축소는 수익 공유 등으로 해결할 방법이 존재한다고 본다. 노동 시간을 줄이고 노동의 자기 주도성을 높이면서 임금을 올리는 방법도 가능할 것이다.

오늘날 사회 국가 개념은 유럽 전체의 맥락을 이해해야 현실적인 의미를 가질 수 있다. 특히 디지털화라는 차원에서 볼 때 더욱 그렇다. 백서는 노동 4.0 논의가 유럽 전체 차원에서 이루어져야 한다고 강조한다. 유럽 연합EU에 속하는 모든 시민이 사회 보장의 최소 기준에 대한 기본적인 컨센서스를 구축해야만 EU의 모든 국가가 더 나은 노동 조건을 구축할 수 있을 것이기 때문이다. 성공적인 디지털화와 노동 4.0이야말로 EU가 지향해야 할 공동체 의식과 정체성을 강화하는 미래 프로젝트가 될 수 있다.

## 9. 노동에 대한 새로운 상상 ; 트렌드 읽기·혁신적 실험·사회적 협력의 강화

노동 4.0을 주제로 한 토론, 노동에 대한 새로운 상상은 향후 몇 년간 지속돼야 한다. 양질의 노동이라는 비전을 실현하기 위해서는 다음의 네 가지 기본 원칙을 따라야 한다. 첫째, 새로운 리스크가 계속 출현해도 지속적으로 혁신을 추구하고 학습하는 사회를 만들어 가야 한다. 둘째, 노동과 사회 국가라는 개념이 함께 고려되어야 한다. 디지털 경제에서 복지 국가와 공공재 재원 마련에 대한 새로운 접근이 필요하다. 셋째, 새로운 기술 발전과 디지털화된 경제 체계 속에서도 단체 교섭 자율 주의와 공동 결정 제도를 굳건히 고수해 나가야 한다.

넷째, 기업들은 국가 차원에서 또는 공동 협약 차원에서 합의된 모든 규정과 원칙을 반드시 수용하고 실행에 옮겨야 한다.

《노동 4.0 백서》는 사회적 논의의 초기 결론이다. 새로운 동향들이 어떻게 나타나고 논의되고 적용되고 있는지에 대해서는 당장 답할 수 없다. 동향을 관찰하면서 새로운 해법을 실험해야 한다. 학계와 사회적 파트너가 참여해 직업 세계의 향후 발전 방향을 지속적으로 연구하고 정기적으로 보고서를 작성해야 한다. 업무의 자동화, 노동의 양극화, 업무 조직의 변화, 비정규 고용에 대한 이론과 사례 등 다각적 분석이 필요하다. 새로운 노동으로의 전환을 지원할 수 있는 사회적 파트너십, 단체 교섭, 직장 평의회에 대한 추가 인센티브를 검토해야 한다. 독일 정부는 모든 수단과 방법을 동원해 노동 4.0을 위한 혁신, 연구, 전환 전략을 완전히 새롭게 수립할 계획이다. 전환의 과정에서, 그리고 그 전환을 공동 학습하는 단계에서 새로운 전략을 시험하고, 노동 4.0을 넘어서 사회 보장 시스템의 지속적 발전을 위한 사회적 합의를 이끌어 낼 것이다.

우리의 노동 4.0

## 이렇게 시작하자

4차 산업혁명은 개인의 문제가 아닌 사회의 변화다. 따라서 제도와 시스템 전체를 개선하는 접근이 필요하다. 정책 전문가들이 주목해야 할 것은 생산 양식과 산업 구조, 일하는 방식의 변화다. 먼저 한국 경제 구조가 4차 산업혁명 시대에도 경쟁력을 갖출 수 있을지 검토해야 한다. 이에 대한 검토가 부족한 상태에서 정부가 인공지능 같은 기술 개발 위주의 정책을 펼치는 것은 좋지 않다.

독일은 대기업에서부터 중소기업, 소비자에 이르기까지 이해관계자들과의 대화와 협력으로 인더스트리 4.0의 골격을 잡았다. 우리 경제, 산업 구조의 중심은 원청과 하청으로 표현되는 대기업과 중소기업의 불균형, 비대칭 협력 시스템이다. 대기업과 중소기업의 관계가 개선되지 않으면 4차 산업혁명을 대비하기는커녕 현재의 산업 구조를 유지하기조차 어렵다는 현실을 직시해야 한다. 한국 경제 구조는 변화에 대응할 유연성과 적응력이 낮다. 노동의 유연성도 떨어지고, 노동과 자본의 협력과 신뢰 관계도 취약하다. 산업 재편과 노동력 재편에 커다란 저항, 즉 많은 비용이 예상된다.

독일과 한국은 많은 면에서 다르지만 둘 다 수출 중심, 제조업 중심의 경제 구조를 가지고 있다. 우리도 제조와 산업을 혁신하고, 노동을 혁신해야 하는 압력을 받고 있다. 독일의 경험을 바탕으로 현명하게 우리의 전략을 수립해야 한다. 독일은 인더스트리 4.0, 노동 4.0의 핵심 변화 동력을 디지털화라고 명확하게 규정하고 있다. 한국은 IT 기술이 발달했고 인터넷 환경이 뛰어나서 얼핏 디지털화가 잘되어 있는 것처럼 보인다. 그러나 기본적인 인프라가 구축된 것에 불과하다. 산업이 디지털과 접목된 구조적 변화로 이어지기 위해서는 디지털의 특성을 재고하고 산업과 노동을 재창조하는 방향으로 나가야 한다. 그 방법은 다음과 같다.

첫째, 가상 물리 시스템 개념을 바탕으로 생산 프로세스를 시뮬레이션하고 원격으로 조종해 개인 맞춤형 생산으로 전환해야 한다. 이는 생산의 전후방 밸류 체인이 네트워크로 연결, 통합된다는 것을 의미한다.

둘째, 디지털 플랫폼이라는 새로운 비즈니스 영역에 대응해야 한다. 독일은 미국이 장악한 글로벌 플랫폼 영역에서 아직 강자가 아니다. 다만 현재의 플랫폼은 유통, SNS, 마케팅을 중심으로 운영되고 있어 생산 플랫폼에는 절대 강자가 없는 상태다. 스마트 공장을 네트워크로 연계하는 수준을 넘어서는 혁신이 필요하다. 새로운 아이디어가 있으면 개인이나 중소기업도 쉽게 시제품을 만들어서 소비자의 반응을 확인하고, 생산 확대에 필요한 원자재 공급과 생산 위탁부터 투자금 유치까지 전개할 수 있는 생산 플랫폼을 구축해야 한다.

창업과 기존의 공장, 기업을 연계하는 생산 플랫폼 구축 전략을 세워야 한다.

셋째, 업무와 기업에 대한 미래 지향적 접근이 필요하다. 디지털화는 기존 피라미드 구조의 조직을 네트워크 형태의 조직으로 변화시키고 있다. 그동안 우리 사회에는 상명하복식의 피라미드 조직 문화가 팽배했다. 이런 개발 도상국 시대의 조직 문화로는 더 이상 성공을 보장할 수 없다. 인터넷 경제의 특징은 변동성, 불확실성이 크다는 것이다. 관료적인 조직으로는 외부의 변화와 다양한 네트워크에 효과적으로 대응하기 어렵다. 조직이 지속적으로 발전하기 위해서는 활용과 탐색이라는 두 가지 기능을 동시에 갖춰야 한다. 활용은 정해진 룰과 상황을 효과적으로 이용하는 것이다. 탐색은 외부의 변화에 대응하며 새로운 룰을 찾는 것이다. 정해진 규칙을 벗어나 새로운 것을 탐구하는 자세가 필요하다. 상명하복의 피라미드형 조직에서는 불가능하다. 디지털 시대에는 수평적이고 자율적인, 유연한 조직이 승리할 것이다.

넷째, 실업 보험에서 고용 보험으로의 전환이다. 인더스트리 4.0의 핵심은 자동화이기 때문에 기존 노동의 재배치가 뒤따를 수밖에 없다. 노동자 집단이 일자리 보장 투쟁만으로 대응한다면 노사 모두 경쟁력을 잃는 결과를 맞이하게 된다. 생산성 향상에 맞춰 노동 시간을 줄이고 기존 인력은 재교육해 기업의 경쟁력을 높이는 방향에 대한 노사 간의 협력, 공동 결정이 필요하다. 이전에는 실업자에게 동일한 능력을 요구하는 다른 직장으로 이동할 때까지 생계를 보조해 주는 실업 보험이면 충분했지만, 산업 패러다임이 바뀌는 시기에는 이러한 보장 제도가 작동하지 않는다. 따라서 실업자, 아직 노동 시장에 진입하지 않은 청년들에게 디지털 시대에 필요한 새로운 능력을 개발할 수 있도록 지원하는 고용 보험이 필요하다. 경력 단절 노동자의 취업 준비만이 아니라 창업, 자영업 준비에 대해서도 동일하게 지원해야 한다. 일부 지자체에서 검토하고 있는 청년 수당을 넘어서 고용노동부의 고용 정책과 중소벤처기업부의 창업 지원을 포괄하는 단일한 고용 보험 제도를 도입해야 할 것이다.

가장 중요하면서 기본이 되는 것은 노사만이 아니라 전문가, 연구자, 소비자 등 이해관계자들이 한자리에 모여서 4차 산업혁명, 노동 4.0을 논의하는 장을 만들어야 한다는 것이다. 이는 정책 결정의 권한을 정부 관료에서 시민 사회로 옮기는 것이다. 통치의 관점에서 협력 파트너의 관점으로 전환해야 한다. 일방적으로 이끄는 방식은 이제 통하지 않는다. 모두 이해하고 협의하고 양보하고 합의해야만 갈등을 변화의 동력으로 바꿀 수 있다.

## 노동 유연성

디지털화는 자동화로 이어지면서 생산 과정에서 사람의 물리적 노동을 점점 더 분리시키고 있다. 기계와 일하는 노동에서 디지털 디바이스와 일하는 노동으로 형태가 변화하기 때문이다. 고정된 장소에서 일하는 노동에서 언제 어디서나 디지털 디바이스만 있으면 노동이 가능한 상황으로 바뀌고 있는 것이다. 기계 설비 등을 갖추고 정해진 장소에서 일하는 조직도 점차 사라지고 있다. 노동의 성격 또한 반복적 생산에서 전문성이 필요한 일로 달라지고 있다. 이러한 노동 형태의 변화와 축소는 노동자에게는 곧 실직의 위협이 된다. 고용의 유연성과 안전성 문제는 독일의 노동 4.0에서도 사용자와 노동자의 입장이 갈리는 부분이다.

산업 시대에는 고용 안전성이 기업 경쟁력에 도움이 되었지만, 디지털 시대에는 고용 유연성이 기업 경쟁력에 도움이 된다. 동시에 젊은 세대에서는 노동 유연성을 노동의 시간과 공간에 대한 자기 주도적 결정권으로 활용하고자 하는 흐름도 있다. 과거에 노동 유연성 추구가 노사 갈등의 요인이었다면, 새로운 세대의 시각에서는 윈-윈win-win이 가능한 문제로 바뀌고 있는 것이다.

한국 사회의 아이러니 중에 하나가 노동 유연성이다. 여러 국제기구에서 발표하는 국가 경쟁력 평가 항목에서 우리나라는 노동 유연성이 거의 꼴찌 수준이다. 그래서 정부에서는 국가 경쟁력을 강화하기 위해 노동 유연성을 높여야 한다고 말한다. 반면 국민들은 한국의 노동 유연성이 지나치게 높아 불안정한 생활의 원인이 된다는 반론을 제기한다.

비정규직 노동자의 비중이 OECD 평균의 두 배인 안정적 고용의 문제, 대기업 임금의 60퍼센트 수준인 중소기업 노동자들의 저임금 문제, 임시직, 아르바이트, 취업 준비 등 불안정한 고용과 저임금은 양극화의 원인이고 내수 회복을 어렵게 만드는 요인이다. 저출생 문제도 저임금과 불안정한 고용에서 기인한다.

문제는 교사, 공무원, 금융·법률 분야 전문직, 고임금 대기업 및 공기업의 진입 장벽과 기득권 유지에 있다. 노동 유연성은 중소기업, 영세 상공업의 저임금 노동자에 해당되는 문제가 아니다. 대졸 이상의 전문직이 기득권층으로 자리 잡아 자신들의 고임금은 유지하면서 저임금 노동자를 양산하는 것이 문제다. 전문직이 자리를 틀어쥐고 앉아 있으니 혁신이 일어나지 않는다. 혁신의 주체가 되어야 하는 전문가들이 지대 rent를 추구하면서 사회가 역동성을 잃고 국가가 쇠락하고 있다.

전문직의 유연성 부족은 심각한 문제다. 인공지능의 등장은 의사, 법률가, 회계사 등 경험과 축적된 지식이 곧 경쟁력인 직업들을 대체할 가능성이 높은데, 한국에서 이들 직업

군의 유연성은 그리 높지 않다. 앞으로 이들이 기득권을 지키기 위해 오히려 4차 산업혁명의 진행을 막는 저항 세력이 될 수도 있다. 혁신의 주체가 돼야 할 전문가 집단이 기득권의 외곽 세력이 되는 것이다. 재벌, 독재, 부패 세력에 대항하다가 이익의 일부를 공유하는 세력으로 전락한 전문직군은 한국 사회 혁신의 가장 큰 장애물이 되고 있다.

혁신에 대한 인센티브를 강화해야 한다. 기득권에 안주하지 않고 혁신적인 시도를 하는 사람들에 대한 파격적 지원이 필요하다. 근본적인 혁신은 과학 기술을 기반으로 나온다. 따라서 정부의 창업 정책은 연구 기반의 창업에 집중돼야 한다. 직무 발명에 대한 인센티브 기준이 노동 기준법에 포함될 필요가 있다. 청년 실업의 대책으로 창업을 지원하는 수준으로는 성공할 수 없다. 지금의 연구·개발R&D 정책과 공공 연구 기관 등에 대한 지원은 혁신으로 이어지지 못하고 있다.

## 전략적·근본적 사고

독일은 제조 현장의 혁신에 주목했다. 고급 기술력을 보유한 숙련 노동자가 고령화로 은퇴하고 노동력이 감소하는 상황에서 어떻게 기술력과 경쟁력을 유지할 것인지는 중요한 과제다. 그래서 생산 과정의 정밀한 데이터를 수집해 분석, 제어하는 방법으로 노하우를 담고, 고령화와 노동력 감소를 자동화의 극대화로 극복하려고 했다. 대량 생산 대량 소비에서 고객 맞춤형 생산으로, 제품에서 서비스로 고객의 요구가 변화하는 추세에 맞게 유연 생산 시스템, 즉 스마트 공장을 발전시켰다. 이러한 노력을 거쳐 독일의 첨단 기술 전략을 체계화한 것이 인더스트리 4.0이다.

인더스트리 4.0은 전 국가적인 장기 전략으로 도출된 것이다. 우리도 장기적 관점에서 전략적이고 실용적인 사고가 필요하다. 이는 산업 현장에서 경쟁력 증진을 위한 열린 토론을 통해 도출될 수 있다. 현재의 4차 산업혁명 열풍 전에는 빅데이터 열풍이 있었다. 정부는 2012년 '스마트 국가 구현을 위한 빅데이터 마스터플랜'을 수립하고 2016년까지 3000억 원을 투자했다. 정부가 주도적으로 빅데이터 연구에 투자하고 시범 사업을 벌였다. 범죄 예측, 자연재해 조기 감지, 교통사고 예방 등 빅데이터 기반의 각종 시스템들을 개발했는데, 대부분이 선진적 기술을 확보했다는 자평만 한 뒤 정작 사업은 흐지부지됐다. 인공지능 기술로 무엇을 해결하고, 어떻게 사회를 발전시킬지에 대한 전략적 사고 없이 빨리 선진국의 기술을 따라잡아야 한다는 강박적 사고방식에서 벗어나지 못했기 때문이다. 이제 정부와 관료가 "이것이 유망하다" 혹은 "저것을 개발하라"라고 계몽하는 시대는 지났다.

장기적 관점에서 한국의 가장 큰 과제는 저출생·고령화

로 인한 생산 가능 인구(15~64세)의 감소다. 한국의 총 인구에 대한 생산 가능 인구 구성비는 2015년 73퍼센트로 세계 10위를 기록했지만, 2060년에는 49.7퍼센트로 세계 199위가 될 전망이다. 65세 이상의 고령 인구 구성비 또한 2015년 13.1퍼센트에서 2060년 40.1퍼센트로 지속 증가할 것으로 보인다. 저출생과 고령화라는 두 가지 큰 문제로 인해 2020년이면 노동 수요가 공급을 초과해 노동력 부족이 발생하고, 이는 곧 경제 성장률 하락으로 이어질 것이다. 그런데 저출생·고령화에 따른 노동력 공급의 감소는 4차 산업혁명 혁신을 통한 노동 수요 감소에 의해 상쇄될 수 있다. 덮어놓고 "애를 많이 낳아야 한다"는 식의 구시대적 캠페인 대신 비정규직이라는 불안한 고용, 소득 양극화, 높은 주거비와 양육비 등 저출생의 구조적 문제를 건드리면 자연스럽게 4차 산업혁명의 흐름을 따라가는 근본적 해결책을 도출할 수 있을 것이다.

　도시 변화의 중요성에도 주목할 필요가 있다. 3D 프린팅과 스마트 공장은 물류와 유통의 개념을, 자율 주행 자동차는 도시의 교통 시스템을 근본적으로 바꿀 것이다. 이에 맞는 경쟁력 있는 도시 모델에 대한 연구가 필요하다. 이런 관점에서 행정권의 지방 분권화가 중요하다. 중앙 정부의 행정권을 일부 이양하는 수준을 뛰어넘는 경제 권력의 분권화로 지자체 간의 실험과 경쟁을 유도해야 한다. 지방 자치 수준이 아니라 지역 정부라는 개념에서 독자적인 세수와 예산을 기반으로 경제 정책을 수립, 운영할 수 있도록 하는 개헌이 필요하다. 지역 정부가 앞장서 산업 클러스터를 조성하고, 대학과 연계해 인력과 연구를 지원하는 시·산·학(시 정부·특화 산업·특화 대학의 연구와 인력 양성) 협력 체제를 갖춰야 한다.

글로벌 밸류 체인의 변화에 대한 대책도 시급하다. 그동안 국제 분업 체계는 선진국에서 제품을 설계, 디자인해 개발도상국의 저렴한 노동력과 땅값 등의 이점을 안고 저가에 제품을 생산해 대륙과 대양을 횡단하는 물류 시스템으로 소비자들에게 공급하는 방식이었다. 그런데 이런 방식에 변화가 일어나고 있다. 생산 공장이 다시 선진국으로 돌아가는 리쇼어링reshoring 현상이 나타나고 있는 것이다. 스마트 공장의 핵심은 단일 공장 내의 스마트 생산 시스템뿐 아니라 부품, 원료 수급에서 유통, 주문, 소비까지 밸류 체인의 모든 과정이 유기적으로 연결되는 것을 말한다. 밸류 체인의 길이가 짧아져 소비자가 있는 선진국에서 바로 생산해 공급하는 방식이다. 수출을 주력으로 하는 한국 경제에 타격이 될 수 있다. 이러한 밸류 체인의 변화와 선진국의 리쇼어링이 국내 수출 산업에 미치는 영향을 산업별로 분석하고 대응책을 마련해야 할 것이다.

## 혁신의 리더십

2017년 대선을 기점으로 한국 사회의 개혁 과제와 경제 성장, 일자리, 4차 산업혁명 시대 대비 등 많은 이슈들이 논의되고 있지만 사회적 합의점을 찾지 못하고 있다. 표를 의식한 정치권의 논쟁만 더 부각되고 있다.

4차 산업혁명, 노동의 변화는 단지 IoT, 빅데이터, 인공지능, 로봇 등 기술의 문제가 아니다. 혁명은 세력이 있어야 일어나고 성공할 수 있다. 근대 산업혁명은 기업가가 일으킨 혁명이다. 그들은 새로운 기술을 개발하고, 생산을 위한 공장을 세우고, 자금을 조달하고, 시장을 개척해 산업혁명의 성과물인 자동차, 비행기, 세탁기, 냉장고, 가전 등을 대중에게 값싸게 제공해 물질적 풍요를 선사했다. 산업혁명은 봉건적 농민을 근대 노동자와 시민으로 탈바꿈시켰고, 근대 시민 사회를 수립하는 경제적 기반이었다. 이처럼 4차 산업혁명을 주도할 개혁 세력을 어떻게 만들 것이냐는 관점에서 한국 노동의 개혁 과제를 살펴봐야 한다.

정부가 과학 기술로 국가 운영을 혁신하고, 도전과 실패를 용인하는 문화 조성에 앞장서야 한다. 국민의 안전과 보건에 필요한 기술, 그리고 시대적 과제인 지속 가능한 에너지, 자원 절약, 스마트 도시 등의 기술 개발에 집중해야 한다. 정권에 따라 과학 기술 정책의 방향이 틀어지는 것을 막기 위해서는 전략적으로 과제를 발굴하고 실행하는 조직이 필요하다. 과학 기술로 국가를 혁신한다는 차원에서 R&D를 혁신의 수단으로 활용할 수 있는 기획력과 실천력이 확보된 전문가 집단과 에이전시 조직을 육성해야 한다. R&D를 지렛대로 활용, 경제 산업적 레버리지 효과로 이어질 수 있도록 하는 전략적 사고와 접근이 필요하다.

노동 시장의 안정을 위한 사회적 대타협도 필요하다. 지금의 노사정위원회 수준으로는 안된다. 예를 들어 대통령이 앞장서서 임금 격차를 얼마나 줄이겠다는 목표를 천명하고, 장기적이고 종합적인 정책을 강력하게 추진해야 한다. 노동 시장의 공정성은 대기업과 중소기업 간의 공정성, 공정 거래의 기본이다. 단기간에 해결하기 어려운 과제라는 것을 인식하고 정권이 바뀌어도 지속적으로 추진해야 한다. 기득권의 상대적인 초과 이득, 보상과 임금을 줄이는 것이기 때문에 저항이 클 것이다. 이것을 돌파하기 위해서는 국민의 지지를 받는 강력한 지도자가 필요하다.

2016년의 탄핵 정국과 촛불은 여전히 우리나라에 법치가 제대로 정착하지 못했다는 것과, 그럼에도 민주주의가 작동하고 있다는 것을 동시에 보여 주었다. 제도도 문제지만 사람도 문제라는 것을 보여 주기도 했다. 과거의 사고방식에 머무르고 있는 세력은 이제 물러나야 한다. 그동안 우리는 산업화와 민주화에 모든 것을 집중해 왔고 성과도 있었다. 그러나 그 과정 속에서 자신의 권리와 이득만을 추구하는 정서, 만인의 만인에 대한 투쟁과 각자도생이라는 '정글 문화'가 팽배해졌다. 이는 신뢰의 붕괴와 양극화라는 병폐를 가져왔다. 이것을 극복하지 못하면 선진국이 될 수 없다.

신뢰와 동반 성장을 달성하기 위해서는 공동체 정신을 키워야 한다. 우리 헌법은 대한민국을 민주 공화국이라고 규정하고 있다. 그동안 우리는 공화국의 개념을 간과해 왔다. 공화국이란 같이 결정하고, 같이 협력하고, 같이 잘사는 나라다. 이를 위해서는 우리 모두가 타인을 이해하고, 양보하고, 나만을 위한 것이 아닌 공동의 선을 위해 무엇을 해야 할 것인지를 고민해야 한다.

이번 장은 저자가 작성한 《미래의 일자리와 도시 공간》(재단법인 여시재)을 참조했다.

## 일자리 변화가 시작됐다

인공지능과 로봇 등 신기술에 의한 자동화는 새로운 단계로 진입하고 있다. 이 단계에서는 공장과 사무실에서 이뤄지는 일반적인 업무는 물론, 의사와 변호사 등 전문직 종사자의 업무도 자동화가 가능해질 것으로 전망된다. 그리고 이에 따라 일자리가 감소할 것이라는 우려도 커지고 있다.

한편에서는 오히려 새롭게 등장하는 산업과 비즈니스로 인하여 인간의 일이 증가할 수 있다는 희망적인 주장을 한다. 그러나 어떤 새로운 일자리가 생길 것인가에 대해서는 설명하지 못하고 있다. 이런 상태에서 새로운 일자리를 위한 준비라는 것은 허공에 집짓기와 같다. "미래는 이미 와 있다. 단지 널리 퍼져 있지 않았을 뿐이다"라는 말이 있다. 일자리 변화를 가져오는 힘을 파악하면 일자리가 변하는 방향을 잡을 수 있다. 일자리의 구체적인 모습이 드러나지 않더라도 어떠한 성격으로 변할 것인지를 보는 명철한 눈이 요구된다.

일의 변화를 가져오는 환경적인 요인에는 기술 진보와 사회 환경의 변화가 있다. 4차 산업혁명, 디지털 전환으로 대표되는 기술 진보의 특징은 자율화, 초연결, 초융합이다. 인공지능, 로봇, 자율 주행차 등 지능화와 자율화는 인간과 기계의 역할 변화를 가져오고 있다. IoT, 스마트 디바이스Smart Device, 빅데이터 등은 초연결을 가속화시키고, 이는 현실과 가상을 융합하는 초융합으로 이어지고 있다. MR(가상-증강현실이 융합된 혼합현실 기술), CPS(가상 물리 시스템), O2OOnline to Offline는 이런 흐름을 반영한 기술이자 개념이다. 일을 둘러싼 외부 환경적 요인들은 경제 구조, 산업 구조, 고용 구조, 기업 구조, 업무 수행 방식 등 일을 둘러싼 내부 요인들에 영향을 미치고 이들과의 조응하는 과정에서 일의 방식도 변하게 된다. 이 같은 일의 변화는 일하는 공간과 도시의 변화로도 이어진다.

최근 4차 산업혁명, 인더스트리 4.0, 디지털 전환이라는 기술의 진보가 가져온 변화의 특징은 자동화의 심화다. 기술이 자동화를 넘어 지능화, 자율화로 나아가면서 '일'이라는 개념은 새로운 국면으로 전환된다. 인간의 개입이 없어도 자동으로 움직이는 기계의 등장은 인간과 기계의 역할 변화라는 새로운 국면을 예고한다. 다보스 포럼 2017년 보고서는 이러한 변화가 2018년에서 2020년 사이에 산업과 비즈니스 모델에 변혁적으로 영향을 미치리라 전망한다. 진화된 로봇과 자율 이동 수단, 인공지능과 머신 러닝, 첨단 소재와 바이오 및 유전 기술 등이 변화를 이끌 기술로 지목됐다.

자동화에 따라 가장 먼저 찾아올 변화는 산업별 핵심 업무 기능 변화의 가속화에 따른 중숙련 직업 감소다. 중숙련 업무는 단순 반복적이기에 자동화되기 쉽다. 산업별, 국가별로 정도의 차이는 있지만, 2015년과 2020년 사이에 약 35퍼센트의 핵심 업무 기능이 자동화의 영향으로 평범한 업무가 되거나 사라질 것으로 전망된다.

산업 발달의 역사는 기술 진보에 따른 기존 일자리의 파괴와 새로운 일자리 창출의 반복이다. 1차 산업혁명을 불러온 증기 기관 기술의 발명은 수공업 일자리를 사라지게 했고, 공장 노동자와 증기 기관 엔지니어 등 기존에 없던 새로운 일자리를 만들었다. 2차 산업혁명의 기술인 전기의 발명은 기차의 화부 등 일부 일자리를 사라지게 했지만, 신제품 발명과 대규모 생산 시설을 등장시켜 더 많은 일자리를 창출했다. 3차 산업혁명의 기술인 컴퓨터의 발명으로 전문 계산원과 타자수 등 일자리가 사라진 반면, 프로그래머와 같은 새로운 일자리가 창출됐다. 4차 산업혁명의 기술이라는 인공지능, 머신러닝, 로봇 등의 새로운 기술도 기존 일자리의 파괴와 새로운 일자리의 창출로 이어질 것이다. 가장 큰 흐름은 제조에서 인터넷으로 일자리가 이동하는 것이다. 이런 흐름을 두고 알리바바의 마윈 회장은 "메이드 인 차이나, 메이드 인 아메리카가 아닌 메이드 인 인터넷의 시대가 되고 있다"고 밝혔다.

디지털 신기술이 발전하면서 제조업 대신 인터넷에 기반을 둔 서비스 산업이 일자리 창출의 엔진이 될 것이다. 제조업에서는 로봇 등의 기술이 인간보다 생산을 더 잘할 가능성이 높다. 인간은 기술보다 더 창의적이면서 상상력이 필요한 분야인 서비스에서 일자리를 찾아야 할 것이다. 마윈은 인터넷을 기초 인프라로 모인 글로벌 인재들이 공동으로 전 세계를 대상으로 서비스를 제공하게 될 것으로 전망했다.

기술의 진보에 맞춰 우리 인간이 얼마나 빨리 대응하고 적응하느냐에 따라 미래 일자리 환경은 달라질 수 있다. 즉, 미래 일자리는 기술 발전 속도와 인간 대응 능력 간 경쟁에 따라 결정될 것이다. 세계경제포럼 2017년 보고서는 미래의 일자리 전망에 대한 시나리오를 제시했다. 시나리오를 구성하는 두 개의 축은 기술의 발전 속도와 인간의 기술 활용 능력 진화 속도이다.

첫 번째 시나리오는 '로봇에 의한 대체'다. 인간의 스킬 습득 속도가 빠른 기술 발전을 따라가지 못해, 대부분의 일자리가 자동화 로봇으로 대체된다. 결국 새로운 기술을 다룰 수 있는 일부 높은 스킬 보유자만이 변화에 적응하는 시나리오다. 두 번째 시나리오는 '민첩한 적응자들'이다. 노동자들을 재교육시키고 고급 기술을 가르쳐 빠른 기술 진보에 필요한 인력으로 만든다. 인공지능과 머신러닝 같은 분야에서 효과적으로 새로운 기술에 적응한 노동자들이 기술을 더 발전시키면서 새로운 일자리를 만드는 시나리오다. 세 번째 시나리오는 '양극화된 사회'다. 기술 발전이 반복적인 특정 업무의 수행을 개선하지만, 노동자들이 적응에 실패하면서 노동 시장의 중간이 빈 양극화 현상이 나타난다. 자동화 기술 습득에 뒤처진 노동자들은 낮은 임금의 저숙련 일자리로 내몰리게 된다. 네 번째는 '독립적인 일자리 혁명'이다. 지속적이고 앞선 교육 훈련 프로그램으로 노동자들이 점진적인 기술의 발전을 따라가며 전문화되고 독립성이 커지는 시나리오다. 플랫폼의 도움으로 노동자들은 독특한 기술을 효율적으로 제공할 수 있게 되면서 점점 더 독립적인 노동자가 된다.

네 가지 시나리오는 인공지능, 로봇 등에 의한 자동화가 일자리에 미치는 영향에 대응하여 인간의 능력, 스킬을 개발하면 전문성과 독립성을 가진 새로운 양질의 일자리를 창출할 수 있지만, 그렇지 않을 경우 대량 실업과 양극화가 우려된다는 시사점을 준다.

다음으로 일의 변화를 가져오는 사회 환경 변화 중 주목할 것은 선진국을 중심으로 한 인구 구조 변화다. 고령 노동, 여성 노동이 증가하고 있으며 많은 숙련된 노동자들이 은퇴하고 있다. 우리나라도 2060년에는 65세 이상 인구가 전체의 40퍼센트를 넘는 초고령 사회가 될 것으로 전망된다. 2000년 전후에 탄생한 밀레니엄 신세대들이 소비와 노동 인구로 진입하고 있고, 이들은 이전 세대와 달리 삶의 질을 중시하는 태도를 보인다. 이와 같은 선진국의 고령화는, 자본과 노동의 국제적 이동을 촉진하고 있다. 장기적으로는 건강한 노령층이 늘어나면서 은퇴 연령도 늘어나고 평생 일하는 사회가 될 것으로 전망된다. 이에 따라 고령 노동자들을 보조하는 기술들도 발전할 것이다.

선진국에서는 기술 진보와 사회 환경 변화라는 일을 둘러싼 외부 환경적 요인들과 고령화에 따른 숙련 노동자의 은퇴 및 자동화에 따른 일자리 감소가 상호 보완이 되면서 사회적 충격을 완화시킬 것으로 본다. 그러나 인구 증가가 지속되고 있는 개도국들에서는 주요 일자리 영역인 제조 분야 일자리가 자동화로 지속 감소함에 따라 사회적 충격이 크고, 경제 성장도 위협받게 될 것으로 전망된다.

## 지식 산업에서 미래 일자리 찾아야

일의 변화를 가져오는 내부 요인들인 경제 구조, 산업 구조, 고용 구조, 기업 구조, 업무 수행 방식에서 어떤 변화가 일어나고 있는지를 지식 산업과 플랫폼 경제라는 측면에서 살펴보자. 가장 큰 경제적인 변화는 노동과 자본의 투입이 경제 성장을 이끄는 산업 노동 경제(Industrial Labor Economy, 1850~1970년대)에서 기술과 지식이 경제 성장에 중요한 요소가 되는 지식 경제(Knowledge Economy, 1970년대 ~ 현재)로의 변화다.

지식 자산 거래 전문 회사인 오션토모Ocean Tomo가 분석한 S&P500 기업들의 시장 가치 구성 변화에 따르면 1975년

83퍼센트에 달했던 공장, 장비 등 실물 자산Tangible Assets의 비중이 2015년에는 13퍼센트로 감소했고 무형 자산Intangible Assets이 그 자리를 차지했다. 지식 산업과 과학 기술의 급성장, 전자상거래 등 사업 방식의 디지털화로 인해 특허, 로열티, 지식 재산권, 브랜드 가치 등의 무형 자산이 기업의 성장을 이끄는 요소가 된 것이라 분석할 수 있다. 이는 제조업 중심 산업 구조가 서비스·IT·문화 등을 중심으로 하는 구조로 이동하는 경제의 소프트화 현상을 반영하는 것이다. 또한 제조업 내에서도 제품의 기본 기능과 같은 유형 가치보다 서비스, 콘텐츠 등 무형 가치의 중요성이 증가하고 있는 추세를 따르고 있다. 일자리 또한 유형 자산을 다루는 제조 노동 중심의 일자리에서 무형 자산을 다루는 지식 중심의 일자리로 이동하고 있다.

고용 및 서비스와 관련된 또 다른 경제 구조 변화는 플랫폼platform에 기반을 둔 서비스와 노동의 수요와 공급을 중개하는 온디맨드On-Demand 서비스 증가다. JP모건은 미국에서 온라인 플랫폼을 통해 노동이나 상품을 구매하거나 제공한 경험이 있는 성인이 3년 사이에 10배 증가했고, 누적 인원은 47배 증가한 것으로 나타났다. 물론 전체적인 비율은 아직 1퍼센트에 불과하지만 성장 속도가 가파르다.

온디맨드 경제는 플랫폼 기반 하에 수요자가 요구하는 대로 서비스, 물품 등을 제공하는 것으로 우버, 퀴리걸Quicklegal

등의 서비스가 있다. 긱 경제Gig Economy란 재즈 공연을 위해 임시로 팀을 구성했다가 공연 후에는 해산하는 관행에서 나온 용어로 디지털 중개 플랫폼을 통해 임시로 또는 지속적으로 단기간의 일을 수행하는 현상을 말한다. 긱 경제는 주로 프로젝트에 따라 개인이나 기업들이 임시로 인력을 운영하고 대가를 지불하는 방식으로 이루어지며, 아마존 메커니컬 터크 Amazon Mechanical Turk, 업워크Upwork, 프리랜서Freelancer, 피플퍼아워People per Hour 등이 대표적인 사례다. 또 다른 조사에 의하면 미국에서 부업 등으로 참여하는 경우를 포함할 경우 긱 경제 참여자는 2017년 34퍼센트에서 2020년 43퍼센트로 높아질 것으로 전망하고 있다.

온디맨드와 긱 경제의 고용 형태는 프로젝트식 고용이라 할 수 있다. 외부 노동자 입장에서는 본인이 원하는 시간과 방식으로 업무를 조정해 유연하게 근무할 수 있다는 장점이 있다. 기업의 입장에서도 프로젝트에 따라 즉각적으로 전문가를 고용한 후 활용할 수 있어 인건비 부담을 줄일 수 있다. 이는 비경제활동 인구가 노동 시장에 재진입할 기회를 제공하는 장점도 있지만, 단기 고용 위주이기 때문에 직업의 안정성을 떨어뜨린다는 우려도 있다.

긱 경제에 따라 온라인으로 재능을 중개하는 또는 디지털 시장에서 단기 노동contingent work을 거래하는 플랫폼들의 성장도 예상된다. 맥킨지 글로벌 연구소의 2016년 보고서에 따르면 온라인 재능 플랫폼들이 2025년에는 전체 노동 연령 인구(15~64세)의 10퍼센트인 5400만 명에게 혜택을 줄 것으로 전망하고 있다. 이들 플랫폼은 구직자들에게 채용 가능성과 업무 적합성이 높은 일자리를 더 빨리 찾을 수 있도록 도와줄 것이다. 혜택을 받는 인구 비율은 미국이 18.5퍼센트로 가장 높고, 중국도 9.1퍼센트에 달할 것으로 전망된다.

한편 증가하고 있는 긱 경제 일자리의 상당 부분은 단기간에 용역이나 서비스를 제공하는 지식 노동 일자리가 차지하고 있다. 영국 리서치 기관 RSA에 의하면 긱 경제 일자리의 59퍼센트가 전문직이거나 디자이너 등 창의력을 요구하는 업무, 즉 지식 산업 노동이라는 것을 보여주고 있다. 33퍼센트는 전기, 배관 등 전문적인 시공을 제공하는 서비스직, 16퍼센트는 우버 등 교통 관련 혹은 배달 서비스를 제공하는 직업으로 분포되어 있다. 따라서 긱 경제의 성장은 지식 산업 일자리의 증가를 가져올 것으로 전망된다.

앞으로도 지식 산업 일자리는 컴퓨터 및 인공지능에 의한 자동화 대체율이 낮은 직업군으로 남을 것이다. 많은 일자리 전망 보고서들이 경영, 비즈니스 및 금융, 컴퓨터, 엔지니어 및 과학, 교육, 법률, 통신 서비스, 예술 및 언론 등의 일자리는 자동화의 영향을 덜 받을 것이라 전망한다. 즉 경영, IT,

연구·개발, 콘텐츠 등 지식 산업 일자리를 많이 만들고, 이 분야로 노동력이 이동하도록 직업 스킬을 개발하는 것이 미래 일자리 대책이라 할 수 있다.

이와 같은 지식 노동, 지식 산업의 성장은 역사적으로 산업과 일자리가 1차 산업(농수산업)에서 2차 산업(제조업)으로 이동하고, 다시 3차 산업(서비스업)으로 이동하는 경향을 반영하고 있다. 즉 토지와 공장이라는 유형 자산에 구속되던 노동이 유형 자산과의 연결성을 약화시키면서, 무형 자산 중심의 노동으로 진화하는 경향을 반영하고 있다. 콜린 클라크Colin Clark의 섹터 모델Sector Model과 같이 4차 산업, 지식 산업이 향후 주력 산업이 될 것으로 전망된다. 전문직 일자리의 변화를 추적한 연구들도 사무직이나 판매직 일자리는 자동화에 의하여 줄어들고 서비스직과 특히 전문직의 일자리가 지속적으로 증가하고 있는 것을 보여주고 있다.

## 일하는 공간과 기업의 변화

지식 노동, 지식 산업 업무의 특성은 장소의 제약 없이 유연한 업무가 가능하다는 것이다. 지식 노동은 거의 모든 업무를 컴퓨터 또는 컴퓨터와 연결된 장비를 사용한다. 반드시 얼굴을 마주해야 하는 대면 업무 이외에는 컴퓨터와 개인의 인터랙션interaction 방식으로 업무가 수행된다. 작업자, 노동자가 이동하더라도 언제 어디서나 똑같은 업무 환경을 제공하는 클라우드 컴퓨팅 환경으로 장소의 제약이 없는 유연한 근무, 재택 및 원격 근무가 가능하다. 미국의 경우 아직 비중이 3퍼센트 수준으로 크지 않지만 근무 시간의 반 이상을 재택근무하는 노동자의 비율이 꾸준히 증가하고 있다. 한편, 이와 같은 업무 수행 방식은 근로 시간과 여가 시간, 업무 공간과 비업무 공간의 구분을 모호하게 하고 새로운 문제를 낳기도 한다.

지식 노동, 지식 산업의 성장은 기업의 형태와 구조의 변화에도 영향을 미칠 것이다. 네트워크 기술의 발달과 플랫폼 경제로의 진화는 기업의 조직 구조를 수직 구조에서 수평적 네트워크 형태로 변화시키고 있다. 기업의 업무 수행 방식도 필요에 따라 신속하게 일감과 인재를 연결하는 프로젝트 방식으로 변화할 것으로 전망된다. 이에 따라 일자리의 의미도 '평생직장'에서 '평생직업'으로 변화할 것이다. 개인의 직업관도 자신이 속할 조직을 찾는 조직 중심에서 개인이 할 일을 찾는 개인 중심으로 변화하리라 예상된다. 전문성을 기반으로 프로젝트에 따라 이동하는 '1인 기업', 독립적인 지식 노동자, 전문직의 증가로 이어질 전망이다. 전통적인 정규직보다는 일시적이고 독립적인 일자리가 증가할 것이고, 이에 따라 노동 시간과 장소의 경계가 모호해질 것이다. 이는 노동자의 노동에 대한 자기 결정권이 강화되는 긍정적 효과도 있지만, 노동 유연성을 증대시켜 직업의 불안정성으로 이어질 우려도 있다. 결국 미래에는 강한 소속감을 바탕으로 업무를 수행하고 공간을 공유하는 직장이라는 형태적 의미를 지녀왔던 기업에게 전문화된 개인 단위의 경제 활동을 사회·경제 생태계와 연결해 주는 매개체 역할이 더 강조될 것으로 전망된다.

디지털 기술의 발달에 따른 업무 공간과 기업의 변화, 미래 직장의 변화를 종합하면 다음과 같다. 첫째, 업무 전용 공간의 소멸이다. 스마트 워크의 증가로 근로 시간과 여가 시간, 업무 공간과 비업무 공간의 구분이 모호해진다. 또한 재택근무의 대중화, 가상 출퇴근을 통한 업무 전용 공간의 소멸은 궁극적으로 출퇴근의 종말을 가져올 것으로 전망된다. 둘째, 기업 조직의 소멸이다. 기업의 역할은 소비자·생산자·경쟁사의 초협력 플랫폼으로 대체될 것이다. 이러한 개방형 혁신은 새로운 가치 창출을 가속화할 것이며, 독립적 전문가, 1인 기업들이 혁신의 주역이 될 것이다. 지식 서비스, 스마트 제조 등의 분야에서 창의성과 전문성을 갖춘 1인 기업의 활동 여건이 좋아짐에 따라 1인 기업이 보편화될 것으로 전망된다.

**미래에 우리가 일할 공간, 도시는?**

역사적으로 볼 때, 산업의 발달과 도시 공간은 조응 관계를 이루면서 변화해 왔다. 농업 사회에서는 농부의 일터인 밭, 경작

지와 주거지가 일치하거나 근접했었다. 도보권에 기반을 둔 이러한 수평적 직주공간의 모습은 중세 봉건 사회까지 이어졌다. 르네상스 이후 근대 사회로 들어서면서 해상 무역을 통한 부의 창출로 항구 도시가 번영하기 시작한다. 상공업의 발달에 따라 마차 중심으로 바뀐 교통은 도시의 확대를 가져왔다. 그러나 중세 사회도 여전히 직장과 일터는 근접하였고, 도시에는 1층 일터, 2층 주거 등 수직적인 직주근접도 출현했다.

한편 1차 산업혁명에 따른 산업 사회의 등장은 이러한 직주공간의 형태에 커다란 변화를 가져왔다. 산업혁명의 핵심인 증기 기관의 에너지원이 풍부한 탄광 지역과 철도역 인근에 공장을 중심으로 도시가 발달하면서, 공장 지역과 주거 지역의 분리, 직주분리가 시작된다. 공장 지역의 환경 오염으로 주거-상업-공업-녹지의 용도 지역 분리라는 강제적 토지 이용제도 도입된다. 전기와 자동차 혁명이라고 할 수 있는 2차 산업혁명은 직주분리를 가속화했다. 도로 등 원료와 제품의 수송에 적합한 인프라가 잘 갖추어진 곳에서 도시가 번성하였고, 도시의 부가 급속도로 증대했다. 철도와 자동차 등 교통이 발달하면서, 도보 20분 거리의 도시가 자동차 20분 거리의 도시로 규모가 확대되면서 직주분리는 더욱 가속화되었다.

컴퓨터와 생산의 자동화로 시작된 3차 산업혁명은 직주근접과 직주분리의 혼재를 가져왔다. 고급 인력의 유치가 수월한 생활 서비스가 잘 갖춰진 대도시가 번창했고, 주상 복합 고층 빌딩이라는 수직적 직주근접도 확산됐다. 교통의 발달은 지속적으로 대도시의 세력권을 확대시켰고, 대도시 주변에는 주거 기능 등을 제공하는 위성 도시가 늘어났다. 이와 같은 도시권의 거대화는 직주거리의 균형이 파괴되는 문제를 발생시켰다. 과도한 출퇴근 시간과 비용, 높은 주거비 등은 거대 도시의 문제로 부각됐다.

인공지능과 로봇, 자동화와 지능화가 더 고도화되고 있는 4차 산업혁명 시대의 도시의 모습은 어떻게 변할 것인가? 지식 노동과 지식 산업의 성장은 원격 근무와 유연 근무의 가능성을 높여주고 있으며 이는 재택근무라는 직주근접 또는 직주일체로 이어질 것으로 전망된다. 4차 산업혁명은 현재 대도시가 안고 있는 과도한 출퇴근 시간과 비용, 높은 주거비의 문제를 해결할 수 있을 것인가? 직주분리에서 수평적-수직적 직주근접, 직주일체의 도시로 진화할 것인가?

산업의 차원에서 공간과 노동의 구속력 관계를 살펴보면, 1차 산업에서 4차 산업(지식 산업)으로 갈수록 공간과 노동의 분리가 가속화된다. 1차 산업인 농업은 주 일터가 땅이기 때문에 노동은 전적으로 공간에 구속되었다고 할 수 있다. 2차 산업인 제조업으로 산업 구조가 바뀌면서 노동은 여전히 공장이라는 생산 시설 안에 구속되었지만, 생산 시설인 공장은 자연 입지적 제약이 약해졌다. 전략 등 동력을 얻을 수 있는 곳, 교통이 편리한 곳(주로 산업단지)이면 어디든지 들어설 수 있게 된다. 3차 서비스 산업은 산업 시설이 공장에서 사무실로 바뀌면서, 기업의 위치 제약이 거의 없어지게 된다. 같은 위치에 있거나 동일시되던 기업과 공장은 관리를 전담하는 기업 본사와 생산을 전담하는 기업의 공장으로 분리된다. 특히 서비스 산업 소비자가 있는 곳으로 공간과 노동을 자유롭게 이동시키면서 성장하게 되는데, 4차 지식 산업으로 오면서 지식 노동은 공간적 구속에서 해방된다. 경영, IT, 콘텐츠, 연구·개발, 교육 및 컨설팅 등 지식 산업은 컴퓨터와 IT 장비라는 업무 도구만 있으면, 공간 제약 없이 어디서나 업무가 가능하다는 특성을 가지고 있다. 이외의 산업 분야에서도 컴퓨터와 IT를 활용한 업무, 업무의 IT화가 늘어나고 있다. 이러한 지식 산업의 증가, 업무의 IT화 증가는 업무 공간의 제약을 없앰으로써 주거 공간이 사무실과 업무 공간이 될 수 있는, 향후 직주공간 변화의 핵심 동인으로 작용할 것으로 전망된다.

지금까지의 도시는 주로 1차 산업혁명과 2차 산업혁명, 즉 대량 생산 방식의 산업화 시대에 개발된 도시이다. 농지를 떠난 농민들을 도시 노동자로 흡수하고, 급속히 커지는 공장을 수용하기 위해 도시는 팽창했다. 산업화는 도시화라는 동전의 뒷면과 같았으며, 현재의 도시는 제조업 중심 산업화 시대의 도시 모습을 그대로 유지하고 있다. 높은 빌딩과 대규모 공장과 상업 시설, 따로 떨어져 있는 주거 단지는 산업화 도시의 전형적인 모습이라고 할 수 있다. 그러나 지식 산업 종사자의 증가, 업무의 IT화 증가는 업무 공간의 제약을 없앰으로써 도시의 모습에도 변화가 예상된다. 회사 사무실에 출근하지 않아도 업무를 볼 수 있는 상황이 되었으나, 기업들은 여전히 출퇴근과 고정된 사무실에 모여서 업무를 보는 관습이 유지되고 있다. 반면에 노동자들은 점점 더 출퇴근에서 자유로운 유연한 근무를 요구하고 있다. 사무실 주거 공간이 사무실과 업무 공간이 될 수 있는 공간에 대한 수요의 변화, 지식 산업 중심의 도시 재구성에 대한 요구가 증가하고 있다.

## 직주일체의 새로운 도시 필요

앞으로 지식 산업 종사자들은 집(주거지)을 중심으로 업무를 수행할 가능성이 높다. 책상desk을 중심으로 집home, 사무실-회사building, 도시로 이어지는 모바일 업무 공간, 자유롭게 이동하면서 업무를 볼 수 있는 공유 오피스에 대한 수요가 증가할 것이다. 결국 4차 산업이 중심이 된 미래 도시는 주거 공간을 중심으로 직장, 녹지, 상점이 모인 용도복합지구로 재편될 것으로 전망한다. 이러한 용도복합지구의 건물은 일반적으로 같은 공간을 기준으로 형태를 고층, 저층으로 구성할 수 있다. 지금까지 산업 사회는 기업의 계층적 구조를 반영하듯 고층 빌딩을 선호하였다. 반면에 지식 산업은 계층적 조직을 구성하여 업무를 수행하기보다는 수평적 조직의 형태를 취하며 업무를 수행하는 것이 더 효과적이다. 직원들 간의 자유로운 의견 교환과 협력을 촉진하는 것이 더 생산적이다. 그래서 최근 신사옥을 건설하고 있는 구글과 애플 등 지식 산업 기업들은 중층 구조의 건물에 사람들이 자유롭게 이동하는 마을과 같은 모습의 건물 구조를 취하고 있다. 이처럼 지식 산업 중심의 미래 도시는 중층 복합 구조의 건물과 주거 시설, 상업 시설이 어울린 직주근접 또는 원격 근무의 직주일체 도시가 될 것으로 전망된다.

업무(노동)의 유연화, 업무(노동) 공간의 유연화는 편리한 생활 공간을 중심으로 업무 공간, 생활 공간, 도시 공간이 재편될 가능성을 보여준다. 사람들은 고정된 하나의 사무실이 아닌 용도 별로 특화된 다양한 형태의 업무 공간을 이동하면서 일을 할 가능성이 높다. 혼자서 집중적으로 업무를 볼 때 필요한 공간, 여러 사람들이 협업을 할 때 필요한 공간, 외부의 고객이나 파트너들과의 협의 공간, 연구 또는 실험이나 테스트를 하는 랩lab 공간, 이동 중의 업무 공간(자율주행차) 등 다양한 공간을 이동하면서 업무를 보게 될 것이다. 이러한 많은 공간은 특정 기업의 소유이기보다는 공유 시설일 것이다. 또한 이러한 다양한 공유 시설을 갖춘 도시가 경쟁력이 있는 도시가 될 것이다. 지식 산업도 유형별로 요구되는 공유 공간이 다르기 때문에, 집적 효과를 보기 위해서는 특화된 지식 산업을 중심으로 구역이 조성돼야 할 것이다. 미래에는 특화된 지식 산업을 중심으로 다양한 공유 시설, 협업 공간을 갖춘, 특히 생활의 편리성을 높인 주거 지역을 중심으로 협업 공간이 배치된 직주근접 또는 직주일체의 도시가 될 가능성이 높다.

## 미래 사회 시나리오 ; 갈등과 다양성

알파고와 이세돌의 바둑 대결은 인공지능이 SF 영화의 한 장면에서 우리 일상 속으로 들어올 수 있다는 것을 보여 줬다. 자율 주행 자동차가 운전사라는 직업을 없애고, 인공지능과 로봇이 현재 일자리의 많은 부분을 사라지게 할 것이라는 전망은 미래에 대한 희망보다 우려를 낳았다. 로봇을 이용한 자동화로 생산 현장에서 노동자가 줄어든 것에서 한발 더 나아가 이제는 경험과 지식을 갖추는 데 많은 시간이 필요했던 의사, 변호사 같은 전문직까지 인공지능이 대체할 수 있다는 것을 보여 주고 있다. 일례로 로스 인텔리전스ROSS Intelligence가 만든 인공지능 변호사 로스는 100년 역사를 자랑하는 미국 뉴욕의 대형 로펌 베이커 앤드 호스테틀러Baker & Hostetler에 취직해 초당 10억 장의 법률 문서를 검토해 변호사보다 더 빠르고 정확하게 판례를 찾아 분석하고 있다. 우려 섞인 전망도 있지만 한편으론 고대 노예제 시대처럼 인공지능 로봇에게 일을 시키고, 인류는 문화와 예술을 즐기면서 살게 될 것이라는 희망적인 예측도 나오고 있다.

과학 기술의 발달이 인류에게 막연한 공포로 다가왔던 것이 핵무기 이후에 또 있었을까? 인공지능과 로봇은 우리에게 어떤 세상을 열어 줄 것인가? 영화 〈그녀Her〉와 〈엑스 마키나Ex machina〉처럼 인공지능 로봇은 우리의 애인이 될 것인가?

〈로봇 앤 프랭크Robot & Frank〉와 〈아이, 로봇I, robot〉에서처럼 인간이 인공지능 로봇이라는 동반자의 도움을 받으며 살아갈 것인가? 아니면 〈터미네이터Terminator〉와 같이 인공지능 로봇과 이 세상의 주인 자리를 놓고 전쟁을 벌일 것인가? 〈트랜센던스Transcendence〉와 같이 인간과 인공지능의 경계가 무너지는 세상이 올 것인가? 많은 영화적 상상과 더불어 과학자들은 인공지능이 인간의 두뇌를 뛰어넘을 수 있을 것인지, 인공지능이 자의식이나 감정을 가질 수 있을 것인지에 대한 논쟁을 벌이고 있다. 이와 같은 상상력은 우리가 그동안 소홀했던 인간 본성에 대한 이해, 인간이 이룬 사회와 세계를 관통하는 관념이 무엇인지 되돌아보고 변화하는 세상에 맞는 새로운 관점은 무엇이 되어야 할지에 대한 화두를 던진다.

4차 산업혁명 이후 다가올 미래 사회는 어떤 모습일까? 디지털 기술에 따른 변화는 이미 진행되고 있다. 디지털 기반의 생산 체계는 분리(분업)에서 통합(융합)을 가속화시키고 있다. 제품과 서비스가 통합되고, 공장의 생산 라인도 분업화된 리니어linear 방식에서 통합된 모듈module 방식의 자동화 공장으로 바뀌고 있다. 개발 도상국에서 생산해 선진국에서 소비하는 글로벌 밸류 체인도 바뀌고 있다. 아디다스Adidas의 스피드 팩토리speed factory[15]는 23년 만에 다시 독일에서 생산을 시작했다. 고객 맞춤형 생산으로 신속하게 소비자에게 배송하는 방식으로 변하고 있다.

물류와 공장도 통합되고 있다. 소비지인 도시 인근에 자리 잡은 자그마한 공장이 물류 센터 역할까지 하면서 3D 프린터 등으로 생산한 제품을 도시에 공급한다. 여러 요소가 점점 더 도시에 집적될 것으로 전망된다. 이전의 산업 사회에서 도시와 공장, 물류가 분리됐다면 미래의 산업 사회에서는 하나로 통합될 가능성이 높다. 우리가 아는 형태의 공장은 사라지고, 공장과 사무실, 블루칼라와 화이트칼라, 기업가와 노동자, 생산자와 소비자의 구분도 무의미해질 것이다. 파트너들이 모인 것이 곧 기업이 될 것이다. 원격 근무가 가능해지면서 상시 고용이 아닌 프로젝트식의 고용과 근무가 늘어날 것이다. 재택근무를 위한 집(직주 융합), 공동 스마트 워크 공간, 일과 놀이가 융합이 되는 공간 등이 도시의 주요 공간으로 등장할 것이다.

4차 산업혁명으로 인해 미래 사회는 분리와 분업을 특징으로 하는 산업 사회에서 통합과 융합으로 빠르게 변하는 사회, 작은 공간에서의 완결성이 강화되는 사회, 생산과 소비가 융합되는 공동체가 강화된 사회가 될 것이다.

미래 사회를 전망하는 핵심적인 변화 동인을 인공지능이라는 기술의 발달 정도와 사회의 다양성 정도로 본다면, 네가지 시나리오를 그려 볼 수 있다. 인공지능은 발달 정도에 따라 인간의 두뇌와 같이 다양한 기능을 수행하는 강 AI와 특정 기능만을 수행하는 약 AI로 구분할 수 있을 것이다. 다양성 측면에서는 전문성이 강화된 대중이 지닌 힘의 크기와 인공지능을 소유한 기업의 지배력 크기를 고려해 다양성(유연성)이 큰 사회와 전체성(경직성)이 강한 사회로 구분할 수 있다. 이를 2×2 매트릭스로 구성하면 네 가지 시나리오가 예상된다. 우리는 수십 년 내에 네 가지 중 하나의 사회에서 살게 될 것으로 보인다.

시나리오 1. 전체주의 사회 ; 약 AI + 전체성·경직성이 큰 사회
약 AI 소유자의 지배하에 획일적 인재들로 구성된 전체주의 사회. AI의 발달이 저조해 생산성의 획기적 증가가 일어나지 않고, 획일화된 생산과 소비가 유지되는 사회 속에서 개성을 상실한 인간들이 생계를 위해 일한다. 획일적 사회 구조가 유지되면서 낮은 생산성과 저임금의 고용 구조가 유지되는 사회로 '글로벌 하청'이라고 할 수 있는 개발 도상국이 이런 사회가 될 가능성이 높다.

시나리오 2. 근면 사회 ; 약 AI + 다양성·유연성이 큰 사회
AI의 지배력이 약하거나 AI가 시민 사회에 의해 통제되고 있고, 인간의 다양성과 개성이 존중되는 인본주의 사회다. 다양

한 분야에서 AI를 활용해 개성을 발휘할 수 있는 일을 한다. 사회적으로 생산성이 높지 않으나 소득 수준이 비슷해 모두 열심히 일한다. AI의 발전이 뒤처진 유럽의 복지 국가들이 이런 사회가 될 가능성이 높다.

시나리오 3. 노동 상실 사회 ; 강 AI + 전체성·경직성이 큰 사회

강 AI 소유자의 지배하에 획일적 인재들로 구성된 전체주의 사회다. AI를 소유한 독점적 기업들은 생산 등 제반 경제 영역에서 급속한 자동화로 고용을 줄이고 이윤을 극대화한다. 획일적 사회 구조로 사람들의 다양성이 개발되지 못한 상태에서 실업이 증가해 사람들의 불만이 커지고, 소득이 없어 소비가 감소하며 경제가 정체한다. 극심한 양극화로 사회 불안이 증가하면서 경찰력 등 공권력의 통제가 강화되고 사회 분열이 지속된다. 글로벌 자본의 지배력이 강하고 시민 사회의 역량이 약한 중진국의 함정에 빠진 한국과 같은 나라들이 이렇게 될 가능성이 높다고 본다. 분열된 통제 사회라고도 할 수 있다.

시나리오 4. 신문명 공동체 사회 ; 강 AI + 다양성·유연성이 큰 사회

강력한 AI 기술과 기업이 등장하지만 동시에 다양한 사람들이 AI를 활용해 새로운 가치를 만들어 내는 사회다. AI를 활용

한 생산성의 향상으로 노동 시간이 줄어들고, 사람들은 다양한 개성을 발휘하며 여가 시간을 즐긴다. 다양성을 강조하는 사회 분위기 속에서 새로운 직업들이 나타나고 수요 역시 다각화되어 생산물과 서비스가 활발히 공유되며 사회가 풍요로워진다. 도시는 호혜를 기반으로 한 시민들의 공동체로 변하고, 자연 생태계를 보전하면서 새로운 인류 문명을 건설한다.

어떤 동력을 주요한 요소로 보느냐에 따라서 다양한 모습의 미래 사회를 예측할 수 있다. 인간이라는 존재가 자신의 다양성을 발휘할 때 행복할 수 있다는 점에서 다양성은 사회 발전의 중요한 가치다. 따라서 직업이 다양한 사회가 곧 발전된 사회라고 볼 수 있다. 다양성을 강화하기 위한 노력이 필요하며, 전체성이 강요되는 사회에서는 구성원 사이에 상당한 갈등이 있을 것이다.

자동화로 인해 미래에는 현재의 직업이 상당수 사라질 것이다. 사라져 가는 일에 맞게 육성된 획일적 인재들이 다수인지, 다양한 일을 찾아서 만들 수 있는 창의적이고 개성을 가진 인재들이 다수인지에 따라 사회의 운명이 갈릴 수 있다. 전자의 사회는 인공지능으로 무장한 플랫폼을 대기업이 지배하고 노동에서 배제된 사람들은 기본소득을 받는 사회가 될지도 모른다. 글로벌 대기업도 대중을 기본소득으로 먹여 살

리며 수요를 만들어 내고 사회 불안을 막고자 할 것이다. 다른 길은 자신의 개성을 찾는 사람들이 늘어나 다양한 직업과 산업이 생기면서 창조적인 중소 도시 속에서 다양한 일과 삶, 문화와 예술을 추구하는 사회다. 인공지능의 도움으로 새로운 일을 쉽게 배우고, 전문적인 수준에 빠르게 도달하고, 하고 싶은 일을 즐기는 것이 가능해지고 있다. 이 방향으로 가기 위해서는 획일화된 대도시 혹은 '빅 브라더'가 될 수 있는 플랫폼의 독재를 극복하고 공동체성과 다양성을 강화해야 한다. 한마디로 로봇의 생산물의 가치가 더 커질지 인간의 개성이 들어간 생산물의 가치가 더 커질지가 관건이다.

사회가 전체성보다 다양성 쪽으로 가기 위해서는 작은 도시 공동체가 강화돼야 한다. 도시 공동체는 자기가 원하는 삶의 스타일, 가치관이 같은 사람이 모여 사는 공간이다. 만화, 재즈, 와인, 드론 등 사람들이 좋아하는 것을 중심으로 형성된 도시, 협동조합, 주식회사, 관료제, 직접 민주제 등 다양한 방식으로 운영되는 도시를 생각해 볼 수 있다. 예를 들어 만화를 좋아하는 사람들이 모인 만화 도시가 만들어졌다고 하자. 이 도시의 시민들은 만화 제작에 직접 관련된 일을 하지 않더라도 소비자로서 만화에 대해 비평하고 자신이 좋아하는 만화를 세상 사람들에게 알리는 것만으로 도시의 산업 발전에 기여하게 된다. 이런 시민들 덕에 도시가 특색을 갖게 되면 시민은 도시에서 생산된 부를 배당받을 자격이 있다고 볼 수 있다. 그런 측면에서 기본소득은 특색 있는 도시 단위의 시민들에게는 의미가 있을 것이다.

## 미래학 관점으로 바라보자[16]

핀테크, 드론, 무인 자동차, 인공지능, 블록체인, 인더스트리 4.0, 4차 산업혁명……. 새로운 키워드를 담은 트렌드와 미래 전망에 대한 책이 서점에 넘쳐난다. 미래라는 것이 불확실한 영역이기 때문에 조금이라도 미래를 이해하고 대비해 불확실성을 줄이고 안심하고자 하는 인간의 오래된 심리가 돈이 되는 시장을 만들어 낸다. 누가 더 미래를 그럴듯하게 예측했느냐를 두고 논란이 있지만, 자극적이고 흥미 위주인 미래 예측 또는 전망이 인기를 얻고 있다. 추격자 전략에 익숙한 한국의 지적 풍토와 의사 결정 구조에서 인기에 영합하는 미래학자가 마치 선무당처럼 미래를 예측하고 사람들은 그런 주장을 들으며 불안감을 덜어 낸다.

　　미래의 급격하고 본질적인 변화에 대응하기 위해서는 차분하고 진지한 미래학적 접근이 필요하다. 4차 산업혁명에 대한 체계적인 이해도 있어야 한다. 이 글이 미래학의 전부이거나 4차 산업혁명의 본모습이라고 주장하는 것은 아니다. 다만 학문적이면서도 실무적 시각에서 미래학을 설명하고 조금 다른 관점으로 4차 산업혁명을 풀어내고자 하는 것이다.

2007년의 국제 금융 위기를 예측한 사람은 거의 없다. 물리학과 수학의 도움을 받아 정교해진 경제학이 이상한 현상을 감지했지만, 파급 효과를 정확히 전망하지는 못했다. 정치학자, 여론 전문가도 2016년 도널드 트럼프Donald J. Trump 미국 대통령의 당선을 알아맞히기는 어려웠다. 하다못해 당장 내일의 주가株價조차도 제대로 예측하기 어렵다. 일부 학문은 통계학의 성과를 활용해 불확실성의 크기를 계산하기도 한다. 그러나 '알지 못함도 알지 못하는unknown unknowns' 상태에서 불확실성을 계산하려는 시도는 무의미하다. 이는 대부분의 학문이 불확실성을 걸어 내는 데만 관심이 있을 뿐 불확실성 자체에는 큰 관심을 두지 않기 때문이다.

미래의 불확실성을 겸허하게 받아들이고 이를 다루는 것이 미래학이다. 불확실성이란 한편으론 미래의 다양한 가능성을 의미한다. 그래서 미래학에서는 미래의 모습을 다양한 시나리오로 제시하는 것이 일반적이다. 미래학의 석학인 짐 데이터Jim Dator 교수는 이 시나리오를 네 가지 미래 원형으로 압축했다. 미래에 일어날 수 있는 모든 경우의 수가 네 가지라는 뜻이다. 네 가지 미래 원형은 지속 성장의 미래growth, 쇠퇴의 미래collapse, 자제의 미래disciplined, 변혁의 미래transformation를 의미한다. 네 가지 미래 원형을 통해 미래의 모든 가능성을 도출하고 경험할 수 있다고 보았다.

미래학에서의 예측은 앞으로 어떤 일이 일어난다고 확정적으로 예단하는 것이 아니다. 예측이란 복잡한 미래에 관한 대화이고, 바람직한 미래를 만들기 위한 인적 네트워크를 형성하는 작업이 수반돼야 한다. EU의 공동 연구 센터는 미래학의 미래 예측을 "이미 결정된 미래를 밝혀내는 것이 아니라 미래를 구축하도록 인류를 돕는 것을 목적으로 한다. 미래를 이미 결정된 무엇이 아니라 우리가 창조하고 형성할 수 있는 것으로 생각할 수 있도록 독려하는 것"이라고 정의한다.

핀란드는 총리의 주관하에 장기적 미래 전략을 수립하고, 스웨덴은 미래부를 별도로 두고 있다. 미국의 대표적 싱크탱크인 랜드 연구소RAND corporation는 미래학의 요람이며, 코카콜라Coca cola, 디즈니Disney, IBM, 지멘스 등 글로벌 기업들은 내부에 별도의 미래연구소를 설치하고 있다. 제너럴 일렉트릭GE 등 기업 주도로 산업 인터넷 컨소시엄이 설립되기도 했다. 구글은 세계적인 미래학자 레이 커즈와일Ray Kurzweil을 고용하고, 미래를 예측하고 준비하는 '싱귤래리티 대학Singularity University'을 지원하고 있다. 싱가포르와 호주에서도 미래학을 바탕으로 국가와 기업의 미래를 설계하는 방식이 정착됐다.

독일의 인더스트리 4.0 역시 4차 산업혁명에 따른 변화에 대비하기 위한 체계적 미래 전망을 구축하려는 시도다. 독일어로 인더스트리 4.0을 설명하면 '아인 비어테 인더스트릴레 레볼루치온Eine vierte industrielle revolution'이다. 이를 영어나 한국어로 번역하면 4차 산업혁명이 된다. 제조업 강국인 독일의 야심 찬 인더스트리 4.0은 다른 국가에 큰 자극을 주었다. 독일의 인더스트리 4.0에 대응해 중국은 '메이드 인 차이나 2025', 일본은 '일본 재흥 전략'을 수립해 발표했다.

우리나라에 4차 산업혁명이라는 용어가 확산된 계기는 2016년 1월 다보스 포럼이라 불리는 세계경제포럼WEF에서 4차 산업혁명이 화두가 되면서부터다. 세계경제포럼 회장인 클라우스 슈밥Klaus Schwab은 같은 해에《제4차 산업혁명》이란 책을 출간하기도 했다. 슈밥은 그의 제4차 산업혁명이 독일의 인더스트리 4.0에서 따온 것임을 명확하게 밝혔는데, 그는 디지털 혁신으로 인한 생산성의 극대화와 더불어 생명 공학 및 나노 물질 기술의 기하급수적 발달이 사회의 새로운 변혁을 가져올 것이라 보았다. 슈밥은 그의 책에서 4차 산업혁명으로 인해 급격하고 광범위하며 근본적인 변화가 올 것으로 전망했으나 그 변화의 방향은 알지 못한다고 말했다.

슈밥의 제4차 산업혁명은 미래학자 제러미 리프킨Jeremy Rifkin의 '제3차 산업혁명', 앤드루 맥아피Andrew Mcafee와 에릭 브리뇰프슨Erik Brynjolfsson의 '제2 기계 시대', 폴 메이슨Paul Mason의 '후기 자본주의', 우리나라의 '지능 정보 사회' 등과 사실상 동의어다. 4차 산업혁명이라는 용어가 국제적으로 동일하게 채택되지 않았고 그 변화가 구체적으로 언제 올진 모르지만, 변화의 흐름이 대세임은 분명하다는 것에 대해서는 전 세계적으로 공감대가 형성되어 있다는 것을 알 수 있다.

우리나라에서는 이들 용어를 명확한 개념 구분 없이 사용해 오해가 커지는 경향이 있다. 말하는 사람은 독일의 인더스트리 4.0을 이야기하는데 듣는 사람은 슈밥의 제4차 산업혁명으로 듣는 것이다. 궁극적 지향점은 사실상 동일하지만 독일의 인더스트리 4.0과 슈밥의 제4차 산업혁명은 대상과 시기의 차이가 있다. 국가 미래 성장 전략으로서의 인더스트리 4.0은 단기와 중기의 미래에 해당하며, 슈밥의 제4차 산업혁명은 중기와 장기의 미래에 해당한다. 중기와 장기의 미래라고 해서 나중에 준비해도 되는 것으로 오해하진 말아야한다. 장기적 방향을 지금 고민하지 않는다면 다시 방향을 선회하는 데에는 너무 많은 비용이 들 것이다. 방향 선회가 아예 불가능할 수도 있다.

독일은 2014년을 '과학의 해'로 정하고 디지털 사회를 주제로 사회적 논의를 일으켰다. 2015년에는 인더스트리 4.0에 따른 노동 환경의 변화를 전망하고 정책적 대안을 촉구하는 《노동 4.0 녹서》를 발간하고 2016년 말에 정책 대안을 제시한 《노동 4.0 백서》를 완성했다. 슈밥의 세계경제포럼은 제

4차 산업혁명으로 인한 정치, 경제, 사회 변화의 구체적 전망을 지속적으로 제기하고 있다. 특정 기술에 초점을 맞춘 것이 아니라 기술로 인한 사회 전체의 변화 방향을 고민하고 있다.

1차 산업혁명으로 인해 정치, 경제, 사회에 근본적 변화가 일어났다. 전제 국가에서 국민 국가로 전환됐으며, 산업 사회에 필요한 교육 시스템이 구축됐고, 기업가와 산업 자본가가 주역이 됐다. 2차와 3차 산업혁명을 거치면서 산업 자본주의는 금융 자본주의로 이행됐고, 디지털 자본가가 등장했으나 큰 틀에서 사회 구조적 변화는 없었다. 그러나 4차 산업혁명 또는 디지털 혁명은 정치, 경제, 사회에 근본적 변화를 일으킬 것으로 전망된다. 1차와 2차 산업혁명은 인류가 이용할 수 있는 힘(동력)에 대한 것이었으나, 3차와 4차는 힘이 아니라 정보와 지력에 대한 것이다. 이러한 이유로 이번 혁명은 산업혁명은 아니며 산업혁명에 버금가는 새로운 혁명, 즉 디지털 혁명으로 보는 것이 타당하다.

알리바바Alibaba의 마윈 회장은 자신이 보는 미래를 다음과 같이 묘사했다.

"1차 기술 혁명은 인간의 체력을, 2차 기술 혁명은 인간의 거리를 해방시켰다. 3차 기술 혁명은 인간의 뇌를 해방시킬 것이다. 한 차수의 기술 혁명엔 50년이 소요되며, 과거 20년이 기본적으로 순수 기술 기업 간 경쟁과 발전으로 진행됐다면 앞으로의 30년은 기술의 응용이 핵심이다. 1차 기술 혁명은 1차 세계 대전을 몰고 왔다. 2차 기술 혁명은 2차 세계 대전의 원인이 됐다. 다가올 기술 혁명은 인류가 유지해 온 사상으로부터의 해방이나 새로운 지혜의 개발일 것이다. 이로 인해 제3차 세계 대전이 발발할 수도 있다. 공통의 목표가 없다면 인류는 스스로 전쟁을 일으킬 것이다. 이번 기술 혁명이 해결해야 하는 문제는 빈곤의 문제이자 질병의 문제요, 환경과 지속 발전의 문제다."[17]

독일과 미국은 정부 주도의 하향식 접근과 민간이 이끄는 상향식 접근을 병행한다. 또한 다수의 이해 당사자가 이해관계를 조정하기 위해 지속적으로 토의하고 대화한다. 이에 비해 현재까지 중국과 일본은 하향식으로만 접근하고 있다. 정부 주도성이 강한 우리나라는 아직 구체적인 방향을 설정하지 못하고 있다.

개략적이지만, 한국은 독일과 비교했을 때 디지털 인프라는 좋으나 인적 역량은 상대적으로 약하다. 또한 독일은 강한 중소기업이 많은 나라로 우리나라와는 산업 생태계가 다르다. 한국 노동의 미래에 대한 전략은 우리의 생태계에 맞는 방향으로 추진돼야 한다. 이제는 우리의 시각에서 본격적 논의가 필요하다. 그 구체적 방안과 내용은 독일의 사례처럼 노동자, 기업가, 교육자, 정부 당국을 포함한 이해 당사자 간의 심도 있는 대화를 통해 도출돼야 한다. 큰 방향은 다음과 같다.

- 미래학이 4차 산업혁명 관련 어젠다 설정을 주관, 관련 생태계 구축 지원
- 노동자, 기업가, 금융 등이 참여하는 중립적이고 지속적 대화
- 지역을 중심으로 한 시·산·학·연(시도 정부-산업체-대학-연구기관) 거버넌스
- 디지털 역량을 포함한 미래 역량의 증진을 위한 교육부와 산업통상자원부의 교육 기능 통합
- 노동 환경의 변화에 대한 전망과 대응
- 정치, 경제 및 사회의 변화에 대한 다양한 가능성 전망과 바람직한 미래상 수렴

미래학은 크게 두 가지 역할을 해야 한다. 첫째, 기술 발전 방향과 이로 인한 정치, 경제 및 사회의 변화 가능성을 예측하는 것이다. 둘째, 우리 사회의 바람직한 미래상에 관한 논의를 유도하는 것이다. 국제기구인 OECD부터 가트너Gartner, 맥킨지, 프라이스 워터하우스 쿠퍼스PwC 같은 민간 컨설팅 기관까지 경쟁적으로 미래 기술에 관한 전망을 제기하고 있다. 이처럼 기술이 도입되고 성숙함에 따라 발달될 사회상에 대한 전망을 미래학자가 점검하고 사회적으로 논의가 될 어젠

다를 설정해야 한다. 미래 기술의 발달로 인해 우리가 고민하고 대응해야 할 것이 적지 않다. 고민이 적시에 진행되고 정부 정책과 기업의 경영 전략에 반영돼야 한다. 미래학은 그 논의를 촉발하고 수렴하는 역할을 해야 한다.

## 미래 준비, 반복되는 위기의 고리 끊기

기시감은 처음 보는 대상이나 처음 겪는 일에서 마치 이전에 보았거나 경험한 것 같다는 느낌을 받는 것을 뜻하는 말이다. 기시감보다는 '이미 본'이라는 뜻의 프랑스어이자 영화 제목이기도 했던 데자뷔라는 단어가 더 익숙할 수도 있겠다. 한국 GM의 군산 공장 폐쇄, 금호타이어 매각 등 일련의 사태들을 보면 기시감이 든다. 1997년 IMF 위기, 2008년 글로벌 금융 위기처럼 10여 년 만에 또 위기가 시작되는 것은 아닌가 하는 우려가 앞선다. 3년 연속 돈을 벌어도 빌린 이자도 못 갚는 '한계 기업'이 외부 감사 대상 기업의 14.2퍼센트에 달한다. 한계 기업의 대출 비중에서 대기업이 65.7퍼센트에 달하고 있다. 회생 가능성이 없음에도 정부나 채권단의 지원으로 연명하는 '대마불사大馬不死 좀비 기업'이다.

1997년 IMF 위기는 국내 대기업들의 과잉 중복 투자가 야기한 구조 조정 위기였다. 2008년 글로벌 금융 위기는 부동산의 과잉 신용을 담보로 한 중복 소비에 따른 거품 붕괴

위기였다. 그렇다면 현재의 위기는 뭐라고 말할 수 있을 것인가? 필자는 미래 준비의 위기라고 본다. 그동안 우리 산업은 선진국 산업을 모방해서 저렴한 생산 비용으로 경쟁하는 방식이었다. 효율적인 관리로 생산 비용을 절감하고 인건비를 줄이는 것이 경쟁력의 원천이었다. 경쟁자보다 싼 값에 물건을 더 많이 판매한 덕에 기업의 수익은 늘고, 노동자의 임금은 오르는 성공의 과실을 맛볼 수 있었다. 하지만 이 방식은 모방이 쉬워 오래 가기 어렵다는 단점이 있다. 서양에서 일본으로, 일본에서 한국으로, 한국에서 중국으로, 중국에서 베트남으로 주체가 바뀌며 반복되어 왔다. 성공의 과실도 넘어가고 위기도 반복된다.

반복되는 위기를 끊고, 성공의 과실도 계속 따기 위해서는 미래에 대한 준비와 투자가 필요하다. 성공의 과실을 따 왔던 지난 기간 동안 한국의 대기업들은 투자를 기피하고, 중소기업의 납품 단가를 깎고, 사내 보유금을 늘려왔다. 되풀이됐던 위기에 소극으로 대응한 측면도 있었겠지만, 근본적으로는 무엇에 어떻게 투자해야 할지를 몰랐기 때문이다.

우리 기업들은 경쟁력의 원천인 모방의 속도를 높이는데 주력했고, 그 결과 품질이 조금 떨어지더라도 선진국과 같은 종류의 제품을 생산하는 수준까지 도달할 수 있었다. 스마트폰과 반도체, 자동차 등 일부 제품은 품질에서도 선진국보다 앞서는 성과를 낼 수 있었다. 더 이상 모방할 제품이 눈에 보이지 않았다. 하지만 선진국 수준에 도달했다는 이런 자부심이 자만이었다는 것을 깨닫기까지는 오래 걸리지 않았다. 선진국들이 인공지능, 자율 주행차, 산업 인터넷, 빅데이터, 스마트 팩토리, 가상 물리 시스템, 블록체인 등 4차 산업혁명의 신기술과 신제품들을 쏟아내기 시작했다. 눈에 보이는 제품만 쫓다가, 눈에 보이지 않았던 기나긴 연구 개발 과정, 즉 미래 준비와 투자를 놓친 것이다.

우리는 미래를 선진국의 것이라 여기고 현재만 중요하게 생각하며 살았다. 그러나 현재만 생각해서는 절대 선진국이 될 수 없다. 어제오늘과 같은 내일을 맞이하지 않기 위해 무엇이 달라질 수 있을 것인가를 고민하는 데서 미래 준비가 시작된다. 고민은 현재의 강점이 앞으로도 유효할 것인가에 대한 의문 제기에서 시작된다. 불확실성에 대한 호기심에서 의문 제기는 출발한다. 새롭게 펼쳐질 미래는 본질적으로 불확실한 영역이다. 밀림에서 새로운 길을 찾는 탐색의 과정이라고 할 수 있다. 다양한 가능성과 위험이 공존하는 과정이다. 현재의 이익을 놓고 다투는 과정이 아니라 미래의 이익을 위해 타협하고, 협력하고, 인내하고, 실천하는 과정이다. 미래에 도전하지 않으면 미래에 지배당하게 된다. 현재의 길을 쉬지 않고 달려간다고 미래에 도달하지 않는다.

구글, 3M 등 많은 혁신적인 기업들이 직원들에게 자율적 과제 수행을 요구하는 이유는 탐색의 중요성을 인정하기 때문이다. 국가와 기업은 노동자들이 여유를 가지고 엉뚱한 상상을 통해 지금과 다른 새로운 것을 시도해 볼 수 있도록 북돋아 주어야 할 것이다.

주

1 _ 인더스트리 4.0, 스마트 팩토리, 인공지능, 사물 인터넷 등 자동화, 지능화 기술 발달로 노동의 디지털화, 노동 시간과 장소의 유연성이 더욱 확대되는 개념이다. 앞으로 양질의 노동을 확대하고자 하는 사회적 요구와 자동화에 의한 일자리 감소, 기본소득으로의 사회 복지 전환 등 사회의 불확실성과 갈등이 고조될 것으로 전망된다.
노동 1.0은 18세기 후반 산업혁명으로 공장에 고용된 노동자 집단의 탄생을 가리킨다. 노동 2.0은 19세기 후반 대량 생산과 대량 소비를 바탕으로 한 복지 국가의 시작을 의미한다. 산업화로 새로운 사회 문제가 대두되고 조직화된 노동자들로부터의 압력이 커지면서 사회 보험이 도입된다. 노동 3.0은 1970년대 후반 이후 ICT 혁명과 생산의 자동화가 시작된 시기로, 경제의 글로벌화와 국제 노동 분업이 확산되고, 전반적으로 복지가 향상되고 노동자 권리가 정착하는 시기를 의미한다.

2 _ 사물 인터넷을 통해 생산 기기와 생산품 간의 정보 교환이 가능한 제조업의 완전 자동 생산 체계를 구축하고 전체 생산 과정을 최적화하는 산업 정책이다. 제4세대 산업 생산 시스템이라고도 한다.
〈인더스트리 4.0〉,《박문각 시사상식사전 – 네이버 지식백과》

3 _ 1946년에 미국 펜실베니아대학의 P. 에커트와 J.W. 모클리가 중심이 되어 제작했다. 기억 장치에 진공관 회로를 응용하고, 무게 30톤, 1만 8800개의 진공관이 사용됐다. 컴퓨터 역사의 시작이라고 할 수 있다. 1955년까지 사용됐으며, 현재는 워싱턴의 스미소니언(Smithonian) 박물관에 보관되어 있다.
〈에니악〉,《컴퓨터 인터넷 IT용어 대사전 – 네이버 지식백과》

4 _ 융합 연구의 발전으로 새롭게 이목을 끌고 있는 시스템이다. 일반적으로는 다양한 컴퓨터 기능들이 물리 세계의 일반적인 사물들과 융합된 형태를 의미한다. 기존의 실시간 임베디드 시스템(embedded system)이 확장된 개념이라고 볼 수 있다. 의료, 항공, 공장, 에너지 등에서 광범위하게 사용되는 인공지능 시스템을 모두 포함한다.
〈가상 물리 시스템〉,《두산백과 – 네이버 지식백과》

5 _ 물리적인 사물과 컴퓨터에 동일하게 표현되는 가상 모델. 제너럴 일렉트럭(GE)에서 만든 개념이다. 물리적인 자산 대신 소프트웨어로 가상화한 자산의 디지털 트윈을 만들어 시뮬레이션함으로써 현재 상태, 생산성, 동작 시나리오, 등 실제 자산의 특성에 대한 정확한 정보를 얻을 수 있다. 에너지, 항공, 헬스 케어, 자동차, 국방 등 여러 산업 분야에

서 디지털 트윈을 이용하여 자산 최적화, 돌발 사고 최소화, 생산성 증가 등 설계부터 제조, 서비스에 이르는 모든 과정의 효율성을 향상할 수 있다.

〈디지털 트윈〉,《한국정보통신기술협회 IT 용어사전 – 네이버 지식백과》

6 _ 독일 정부는 독일의 과학 기술 역량을 최대한 결집하여 미래 시장에서 세계 정상에 도달하고, 특히 우수한 연구 결과를 신속히 제품화하는 것을 적극적으로 지원한다는 목표로 17개 핵심 기술을 도출, 분야별로 구체적인 전략을 제시하고, 산학 연계, 혁신적 중소기업을 위한 여건 개선, 신기술 창업 지원 등 기술 전반에 대한 횡적 연계 지원을 강화한다는 계획을 세웠다. 2006~2009년 동안 약 146억 유로의 투자금 중 약 119억 유로는 17개 첨단 기술 분야의 신기술 연구 및 연구 결과 확산에, 약 27억 유로는 기술 전반 분야의 횡적 연계 지원에 사용하기로 했다. 독일은 첨단 기술 전략을 통해 최초로 소관 부처의 경계를 초월하여 통일된 국가 전략을 체계적으로 개발하고, 우수한 연구 결과의 신속한 제품화를 통해 과학과 경제의 연계를 강화하고, 독일 제품의 국제 경쟁력을 제고할 뿐만 아니라 미래 분야에서 최고 150만 개의 새로운 일자리가 창출될 것으로 전망했다.

〈독일의 첨단 기술 전략〉,《독일 개황, 외교부 – 네이버 지식백과》

7 _ 설계·개발, 제조, 유통·물류 등 생산 전체 과정에 정보 통신 기술(ICT)를 적용해 생산성, 품질, 고객 만족도 등을 향상할 수 있는 지능형 공장. 사이버 물리 시스템(CPS·Cyber Physical Systems)을 이용, 실제와 똑같이 제품 설계 및 개발을 모의 실험해 자산을 최적화하고 공장 내 설비와 기기 간에 사물 인터넷(IoT)을 설치하여 실시간 정보를 교환해 생산성을 증가시키고 돌발 사고를 최소화한다. 그리고 제품 위치, 재고량 등을 자동 감지해 인적·물적 자원 절감 등 공장의 효율성을 향상한다.

〈스마트 공장〉,《IT용어사전, 한국정보통신기술협회 – 네이버 지식백과》

8 _ 인구 통계학상 임신이 가능한 연령(15~49세)의 모든 여성(기혼 및 미혼)을 대상으로, 어머니의 각 연령별 출생아 수를 해당하는 연령의 여자 인구로 나눈 출생률을 합계한 것이다. 기간별 출생률을 효과적으로 나타내는 지표이며, 출생 총수를 총인구로 나누는 조출생률보다 정밀하다.

〈합계 특수 출산율〉,《두산백과 – 네이버 지식백과》

9 _ 각종 서비스와 재화가 모바일 네트워크 또는 온라인 장터 등을 통해 수요자가 원하는 형태로 즉각 제공되는 경제 시스템이다. 통신 기술 발달에 따라 거래 비용이 줄고, 가

격 결정의 주도권을 수요자가 갖는 것이 특징이다.

〈온 디맨드 경제〉,《한경 경제용어사전 - 네이버 지식백과》

10 _ 플랫폼 중심의 경제에서 비정규직 혹은 실업자와 같이 불안정한 형태로 이뤄지는 고용 및 노동을 말한다.

11 _ 많은 데이터 가운데 숨겨져 있는 유용한 상관관계를 발견해, 미래에 실행 가능한 정보를 추출해 내고 의사 결정에 이용하는 과정을 말한다.

〈데이터 마이닝〉,《두산백과 - 네이버 지식사전》

12 _ 일본의 토요타 생산 시스템(TPS)을 미국식 환경에 맞춰 재정립한 것으로 자재 구매에서부터 생산, 재고 관리, 유통에 이르기까지 모든 과정에 손실을 최소화, 최적화한다는 개념이다. 1990년 경영학자인 워맥과 존스가 공동 연구작인 〈세상을 바꾼 방식〉에서 처음 사용한 용어로 1996년 MIT가 중심이 되어 실행 모델을 개발한 것이 대중화의 기초가 됐다.

〈린 경영〉,《매일경제용어사전 - 네이버 지식백과》

13 _ 대중(crowd)과 아웃소싱(outsourcing)의 합성어로, 대중들의 참여를 통해 솔루션을 얻는 방법이다. 공공 기관이나 기업이 문제를 공시하면 대중들이 솔루션을 찾아 제공하며 그에 대한 보수를 받는다.

〈크라우드 소싱〉,《두산백과 - 네이버 지식사전》

14 _ 국가가 국민들에게 최소한의 인간다운 삶을 누리도록 조건 없이, 즉 노동 없이 지급하는 소득이다. 즉, 재산의 많고 적음이나 근로 여부에 관계없이 모든 사회 구성원에게 생활을 충분히 보장하는 수준의 소득을 무조건적으로 지급하는 것으로 무조건성, 보편성, 개별성을 특징으로 한다.

〈무조건적 기본소득〉,《박문각 시사상식사전 - 네이버 지식백과》

15 _ 독일 스포츠웨어 기업인 아디다스와 독일 정부, 아헨공대가 3년 이상 심혈을 기울여 독일 안스바흐에 건립한 신발 공장이다. 스피드 팩토리는 4차 산업혁명을 구현한 대표적인 공장 중 하나로 꼽힌다. 스피드 팩토리에서는 연 50만 켤레의 운동화가 생산되는데 공장 유지 · 보수와 관리 직원을 빼고 나면 생산 현장에는 단 10명만 투입된다. 스피드 팩토리에서 필요한 소재를 선택해 운동화를 제작하는 일은 지능화된 기계가 한다. 생

산 직원은 각 소재를 기계가 인식할 수 있는 위치에 가져다 놓는 역할만 할 뿐이다. 대표적 노동 집약 산업으로 중국, 동남아시아 등 저임금 국가로 옮겨간 신발 공장을 다시 독일로 불러들일 수 있었던 배경이다.

〈스피드 팩토리〉,《한경 경제용어사전 – 네이버 지식백과》

16 _ 윤기영 FnS컨설팅 대표와 공동 작성.

17 _ 오광진, 〈마윈이 전자 상거래가 사라질 것이라고 한 이유〉,《조선 비즈》, 2016. 10. 15.

# 참고 문헌

EY 어드바이저리(임영신 譯),《세계 초일류 기업의 AI 전략》, 매일경제신문사, 2016.

공영일 외,《미래 디지털 인재 정의에 관한 연구》, 소프트웨어정책연구소, 2016.

과학기술정책연구원 미래연구센터,《미래는 더 나아질 것인가》, 알에이치코리아, 2016.

구본권,《로봇 시대, 인간의 일》, 어크로스, 2015.

국제미래학회·한국교육학술정보원,《제4차 산업혁명시대 대한민국 미래교육보고서》,
광문각, 2017.

군둘라 엥리슈(이미옥 譯),《잡노마드 사회》, 문예출판사, 2002.

김대식,《김대식의 인간 vs 기계》, 동아시아, 2016.

김동환 외,《유비쿼터스 IT혁명과 제3공간》, 전자신문사, 2002.

김동환,《빅데이터는 거품이다》, 페이퍼로드, 2016.

김인숙 외,《4차 산업혁명, 새로운 미래의 물결》, 호이테북스, 2016.

니콜라스 네그로폰테(백욱인 譯),《디지털이다》, 커뮤니케이션북스, 1999.

닉 보스트롬(조성진 譯),《슈퍼 인텔리전스》, 까치, 2017.

데이비드 와인버거(이진원 譯),《지식의 미래》, 리더스북, 2014.

롤랜드버거(김정희·조원영 譯),《4차 산업혁명 이미 와 있는 미래》, 다산 3.0, 2017.

리처드 돕스 외(고영태 譯),《미래의 속도》, 청림출판, 2016.

린다 그래튼(조성숙 譯),《일의 미래》, 생각연구소, 2012.

마셜 맥루언(박정규 譯),《미디어의 이해》, 커뮤니케이션북스, 1999.

마이클 린치(이충후 譯),《인간 인터넷》, 사회평론, 2016.

마틴 포드(이창희 譯),《로봇의 부상》, 세종서적, 2016.

에릭 브린욜프슨 외(이한음 譯),《제2의 기계 시대》, 청림출판, 2014.

유발 하라리(김명주 譯),《호모 데우스》, 김영사, 2017.

제리 카플란(신동숙 譯),《인간은 필요 없다》, 한스미디어, 2016.

제리 카플란(신동숙 譯),《제리 카플란 인공지능의 미래》, 한스미디어, 2017.

제임스 글릭(박래선·김태훈 譯),《인포메이션》, 동아시아, 2017.

제임스 배럿(정지훈 譯),《파이널 인벤션》, 동아시아, 2016.

제프 콜빈(신동숙 譯),《인간은 과소평가되었다》, 한스미디어, 2016.

조성배 외,《인공지능은 어떻게 산업의 미래를 바꾸는가》, 한스미디어, 2016.

최진석,《탁월한 사유의 시선》, 21세기북스, 2017.

케빈 켈리(이한음 譯),《인에비터블 미래의 정체》, 청림출판, 2017.

크레이그 램버트(이현주 譯)《그림자 노동의 역습》, 민음사, 2016.

클라우스 슈밥 외(김진희·손용수·최시영 譯),《4차 산업혁명의 충격》, 흐름출판, 2016.

클라우스 슈밥(송경진 譯),《클라우스 슈밥의 제4차 산업혁명》, 새로운 현재, 2016.

타일러 코웬(신승미 譯),《4차 산업혁명, 강력한 인간의 시대》, 마일스톤, 2017.

팀 던럽(엄성수 譯),《노동 없는 미래》, 비즈니스맵, 2016.

페데리코 피스토노(박영준 譯),《로봇에게 일자리를 빼앗겨도 걱정 말아요》, 영림카디널, 2016.

한석희 외,《인더스트리 4.0》, 페이퍼로드, 2015.

홍정민,《4차 산업혁명 시대의 미래 교육, 에듀테크》, 책밥, 2017.

국가평생교육진흥원, 〈4차 산업혁명의 시대에서 묻는 교육의 미래〉,《글로벌평생교육동향》, 2016. 6.

김진하, 〈제4차 산업혁명 시대, 미래사회 변화에 대한 전략적 대응 방안 모색〉, KISTEP, 2016.

미래창조과학부, 〈제4차 산업혁명에 대응한 지능정보사회 중장기 종합대책〉, 2016.

엄미정 외, 〈미래사회변화에 따른 과학기술인력 양성 및 활용방안〉, 국가과학기술자문회의, 2015.

이영성, 〈스마트시티의 핵심 가치와 경쟁력 확보방안〉,《지역연구 제33권 1호》, 2017.

BMAS,《Gruenbuch – Arbeiten 4.0》, BMAS, 2015.

BMAS,《Weissbuch Arbeit 4.0》, BMAS, 2016.

Boston Consulting Group,《Man and Machine in Industry 4.0》, BCG, 2015.

CEDA,《Australia's Future Workforce》, CEDA, 2015.

General Electronics,《The Workforce of The Future, General Electronics》, GE, 2016.

IPPR,《Technology, Globalisation and The Future of Work in Europe》, IPPR, 2015.

Mckinesy&Company,《Four Fundamentals of Workplace Automation,》Mckinesy&Company, 2015.

UKCES,《The Future of Work: Jobs and Skills in 2030》, UKCES, 2014.

World Economic Forum,《Deep shift technology tipping points and societal impact》, WEF, 2015.

World Economic Forum,《New vision for education: Fostering social and emotional learning through technology》, WEF, 2016.

World Economic Forum,《New vision for education: Unlocking the potential of technology》, WEF, 2015.

World Economic Forum,《The future of jobs》, WEF, 2015.

World Economic Forum,《The Human Capital Report》, WEF, 2015.

Ward, J., 〈How digital technology is transforming global education〉, WEF, 2015.

북저널리즘 인사이드    4.0 시대의 경계

2016년 세계경제포럼에서 4차 산업혁명 시대에 710만 개의 일자리가 사라질 것이라는 전망이 나오자 한국 사회는 요동쳤다. 가뜩이나 취업과 실업에 민감한 사람들은 하루아침에 세상이 뒤집어져 일자리를 잃을 것처럼 불안해했다. 전문가들이 4차 산업혁명을 이야기하고 나아갈 방향을 가리켜 왔지만 2년이 지난 지금 여전히 한국의 방향성은 뚜렷하지 않다.

독일은 대대적인 사회적 논의를 통해 변화의 불확실성을 최소화하고자 했다. 제조업이라는 독일의 무기를 디지털화의 흐름에서 효과적으로 구현할 수 있는 방안을 찾는 논의였다. 독일이 맞이할 산업혁명과 관련된 모든 영역에서 논의에 참여했고 녹서와 백서라는 결과물을 도출했다. 협의의 과정을 거쳐 명문화된 결과물은 4차 산업혁명 시대 독일의 전 사회적 가이드라인이 될 것이다.

제조업 중심의 독일이 디지털화의 4차 산업혁명 시대를 선도한다는 것은 우리에게 시사하는 바가 크다. 독일은 인공지능이 어떻게 인간의 개성과 융합될 수 있는지를 고민했다. 인공지능이냐, 인간이냐를 선택하지 않았다. 4차 산업혁명 혹은 인공지능에 대한 우리 사회의 막연한 두려움을 해소할 수 있는 열쇠가 독일의 사회적 논의의 과정에 담겨 있다.

한국은 산업혁명을 부르짖는 목소리는 높은데 그 흐름을 좇는 속도는 더디다. 그래서 저자는 한국의 위치가 어디인지 바로 보는 데서 진단과 전망을 시작해야 한다고 말한다. 그리고 4차 산업혁명은 위기와 기회가 공존하는 미래일 뿐 어떤 것도 결정된 것은 없다고 강조한다. 한국은 지금 4.0 시대로 넘어가는 경계에 서 있다.

한국이 독일의 사례를 참고해야 한다는 것은 단순히 두 나라가 제조업을 중심으로 한 산업 구조를 형성하고 있기 때문만은 아니다. 4차 산업혁명, 노동 4.0의 시대를 맞이하는 독일의 치밀한 사회적 논의의 과정을 먼저 들여다볼 필요가 있다는 뜻이다. 지금 한국에는 사회적 논의가 결핍돼 있다.

노동의 미래는 점성술의 영역이 아니다. 전 세계적인 디지털화의 흐름 속에서 구현되고 있는 현상일 뿐이다. 천재지변처럼 하루아침에 상황이 뒤바뀌는 개념도 아니다. 큰 흐름 속에서 변하는 시대의 전환일 뿐이다. 선불리 결론을 내고 두려워할 필요가 없다. 연착륙을 준비할 시간은 충분하다.

서재준 에디터